大数据视域下网络平台介入日语教学的研究

李晓丹　著

吉林大学出版社

·长春·

图书在版编目（CIP）数据

大数据视域下网络平台介入日语教学的研究 / 李晓丹
著.— 长春：吉林大学出版社，2021.10
ISBN 978-7-5692-9047-9

Ⅰ．①大… Ⅱ．①李… Ⅲ．①日语－教学研究 Ⅳ．
① H369.3

中国版本图书馆 CIP 数据核字（2021）第 205807 号

书　　名：大数据视域下网络平台介入日语教学的研究
DASHUJU SHIYU XIA WANGLUO PINGTAI JIERU RIYU JIAOXUE DE YANJIU

作　　者：李晓丹　著
策划编辑：邵宇彤
责任编辑：邵宇彤
责任校对：付晶淼
装帧设计：优盛文化
出版发行：吉林大学出版社
社　　址：长春市人民大街4059号
邮政编码：130021
发行电话：0431-89580028/29/21
网　　址：http://www.jlup.com.cn
电子邮箱：jdcbs@jlu.edu.cn
印　　刷：定州启航印刷有限公司
成品尺寸：170mm×240mm　　16开
印　　张：8.75
字　　数：200千字
版　　次：2021年10月第1版
印　　次：2021年10月第1次
书　　号：ISBN 978-7-5692-9047-9
定　　价：56.00元

前　言

随着时代的发展，越来越多的教师关注点落到了提高学生自主学习能力的教学改革事业上。回顾传统教学模式的特征，"照本宣科""以教师为主""机械呆板""四个一"就会浮现在脑海中。如何摆脱传统教学模式的"桎梏"、摆脱教材陈旧的落后现状，如何提高课堂教学效率、提高学生自主学习能力等问题应运而生，并成为高校教师亟待解决的问题。

众所周知，受"一带一路"倡议和地缘因素的影响，辽宁高校都纷纷开设日语专业，以加强中日文化。要想把耗时的日语语言学科掌握好，就应该把现有的"超星泛雅"平台介入，利用碎片化时间把课堂上未完成的任务在课后继续完成。同时，平台的多模式特点能够激发学生各种感官的参与，通过日语教学视频和PPT能够获取大量的课外资料，既提高了课堂效率，又能很好地发挥学生的自主学习动力。不仅如此，教师还能通过平台对整体日语教学进行信息整合和资源优化，让平台资源更加实用和高效，有助于学生兴趣的培养，让枯燥的日语学习变得生动丰富起来，有利于学生由被动学习转化为主动学习，养成良好的自主学习习惯，优化学生的学习氛围和学习环境，使日语专业的学生能够主动地投入日语学习中，提升内源性学习动力。

大数据时代背景下，各种课程平台应运而生也趋近完善，得到了更高的认知度和广泛的关注度。借助网络平台不仅可以利用语音、视频等直播功能进行答疑解惑，更能建立群聊针对具体问题进行线上交流和线上讨论。甚至对于某个学生的个别问题也可以完全实现"一对一"的私聊答疑，利用各种网络平台，完全没有时间和空间上的限制的，只要有"网"就能"聊"，可以随时随地咨询各种问题和讨论日语，完全不同于面对面教学的模式，心理上也可以完全不必有顾虑，这种模式能够提升学生主动谈论问题的自发性和自觉性。

不仅如此，利用网络教学平台可以在课前通过课件推送组织学生自学。在教学过程中，对学生自主、自测的难点精讲精练，通过投屏、弹幕等功能实现师生互动以及测试监控，在课外时间以习题、讨论的方式进行课业延伸和学习反馈，从而减少课堂讲授时间，提高学习效率。此外，平台可以保存学生所有学习的数据，形成电子版学生档案，既可以用于教师对学生的形成性评价，也可以用于学生的自我评价。授课教师可以随时利用网络平台的大数据统计功能掌握到学生的出勤情况和学习情况，同时通过大数据的分析掌握学生的日语薄弱环节以及能够及时提醒学生的进度。

因此，利用网络教学平台介入日语"云课堂"后，教师可以利用大数据后台来监督学生的整个学习过程，使学生学会质疑、探究，实现教学过程的课前—课上—课后的有机结合。因此，在大数据时代，借助此平台，教师在帮助学生掌握知识的同时，也在探索新型培养模式，同时为日语学生提供优质的学习资源，培养"日语＋专业"的复合型人才。

目 录

第一章 传统日语教学的现状分析..................................001

　第一节 传统日语教学背景..................................001

　第二节 网络平台介入的时代需求..................................005

　第三节 大数据时代的日语教学..................................006

第二章 大数据时代与日语教学..................................010

　第一节 大数据时代背景..................................010

　第二节 高校日语教学现状..................................014

　第三节 大数据时代与日语教学..................................017

　第四节 大数据时代与日语融合..................................023

　第五节 大数据时代与网络平台..................................028

第三章 慕课平台与日语教学..................................035

　第一节 慕课平台的兴起背景..................................035

　第二节 慕课平台的介入应用..................................038

　第三节 慕课平台的优势与必要性..................................040

第四章 超星泛雅平台与日语教学..................................047

　第一节 超星学习通平台的兴起背景..................................047

　第二节 超星学习通平台的教学应用..................................050

　第三节 超星学习通平台的评教功能..................................056

　第四节 超星学习通平台与日语学习..................................058

第五章　腾讯课堂与日语教学 ⋯⋯⋯⋯⋯⋯⋯⋯⋯⋯⋯⋯⋯⋯⋯⋯ 061

　　第一节　腾讯课堂平台 ⋯⋯⋯⋯⋯⋯⋯⋯⋯⋯⋯⋯⋯⋯⋯⋯⋯⋯ 061

　　第二节　腾讯课堂平台的应用 ⋯⋯⋯⋯⋯⋯⋯⋯⋯⋯⋯⋯⋯⋯ 062

　　第三节　腾讯课堂平台的优势 ⋯⋯⋯⋯⋯⋯⋯⋯⋯⋯⋯⋯⋯⋯ 063

　　第四节　腾讯课堂平台与日语教学 ⋯⋯⋯⋯⋯⋯⋯⋯⋯⋯⋯⋯ 065

第六章　雨课堂与日语教学 ⋯⋯⋯⋯⋯⋯⋯⋯⋯⋯⋯⋯⋯⋯⋯⋯⋯⋯ 070

　　第一节　雨课堂平台的兴起背景 ⋯⋯⋯⋯⋯⋯⋯⋯⋯⋯⋯⋯⋯ 070

　　第二节　"雨课堂"平台的介入应用 ⋯⋯⋯⋯⋯⋯⋯⋯⋯⋯⋯ 074

　　第三节　"雨课堂"平台与日语教学 ⋯⋯⋯⋯⋯⋯⋯⋯⋯⋯⋯ 077

　　第四节　"雨课堂"平台的优势 ⋯⋯⋯⋯⋯⋯⋯⋯⋯⋯⋯⋯⋯ 082

第七章　其他网络平台与日语教学 ⋯⋯⋯⋯⋯⋯⋯⋯⋯⋯⋯⋯⋯⋯⋯ 086

　　第一节　CCtalk 平台与日语教学 ⋯⋯⋯⋯⋯⋯⋯⋯⋯⋯⋯⋯⋯ 086

　　第二节　YY 平台与日语教学 ⋯⋯⋯⋯⋯⋯⋯⋯⋯⋯⋯⋯⋯⋯⋯ 094

第八章　大数据与日语学生自主学习 ⋯⋯⋯⋯⋯⋯⋯⋯⋯⋯⋯⋯⋯⋯ 099

　　第一节　日语学生自主学习现状 ⋯⋯⋯⋯⋯⋯⋯⋯⋯⋯⋯⋯⋯ 099

　　第二节　大数据与自主学习 ⋯⋯⋯⋯⋯⋯⋯⋯⋯⋯⋯⋯⋯⋯⋯ 104

第九章　网络平台与学生自主学习方式 ⋯⋯⋯⋯⋯⋯⋯⋯⋯⋯⋯⋯⋯ 109

　　第一节　网络平台与传统学习 ⋯⋯⋯⋯⋯⋯⋯⋯⋯⋯⋯⋯⋯⋯ 109

　　第二节　网络平台介入与日语学习 ⋯⋯⋯⋯⋯⋯⋯⋯⋯⋯⋯⋯ 115

　　第三节　网络平台介入必要性 ⋯⋯⋯⋯⋯⋯⋯⋯⋯⋯⋯⋯⋯⋯ 120

第十章　总结 ⋯⋯⋯⋯⋯⋯⋯⋯⋯⋯⋯⋯⋯⋯⋯⋯⋯⋯⋯⋯⋯⋯⋯⋯ 126

参考文献 ⋯⋯⋯⋯⋯⋯⋯⋯⋯⋯⋯⋯⋯⋯⋯⋯⋯⋯⋯⋯⋯⋯⋯⋯⋯⋯ 131

第一章　传统日语教学的现状分析

第一节　传统日语教学背景

传统的教学模式始终强调以教师为主，过于注重教材内容的权威性，照本宣科、机械呆板，正是由于传统教学模式的束缚，导致学生在实践中缺少独立性、自主意识和判断能力。同时由于课时、师资、教室、经费不足等，致使教师的授课范围较窄，教学效率低下，师生之间缺乏实时的沟通，很多问题得不到有效解决。

一、传统日语教学方式

目前各高校教师仍继承我国教学传统的以一块黑板、一根粉笔、一本教材、一张嘴"四个一"为主的学生课程理论教学模式，以及继承我国教学传统的"三中"（以教师指导学生应用为教学中心、以教师指导学生课堂教学实践活动应用为研究中心、以教师指导教材应用为教学中心）指导方式作为主要课程教学研究方向。授课时段教师只是在日语教学各个环节的内容设置上特别注重日文阅读与日语写作，让每个学生能够熟读使用日语的基本句型和语法，对于每个生词也分别进行了背诵与默写。日语学习中和传统的日语教学并不注重学生的听说能力，导致很多日语学生只能够熟练地书写这些日语单词和句子，却不明白如何使这些句子得到有效运用，即怎样用这些日语句子来正确表达他们的意思。这样单一僵化的教学模式，存在很多弊端。

首先，教师向学生单方面地传授所有知识，学生因为被动地接受而难以深刻地理解和掌握；其次，难以充分调动学生的积极性与创新精神；再次，师生、生生之间缺少互动，课堂气氛不够活跃；最后，由于教学内容局限于基础教材，拓展类的教学手段应用得并不广泛，特别是对听、说能力训练的不够，学生在实践中运用及解决问题的意识比较弱。

（一）传统日语教师角色

传统的日语教学过程以日语老师作为教学课堂的参与者和主体主导整个课堂。在这样的过程中，无法充分调动和发挥学生自主参与的积极性，导致教学效果不佳。

（二）传统日语学生角色

在传统的日语教学中，学生处于客体地位，只能被动地去理解和接受老师传授的知识和内容，按照老师在日语课堂的指导方法来进行学习，这样就容易出现注意力不集中的情况，可能会把日语课堂中重要部分的内容全部忽略或遗漏，从而使学习质量下降。

（三）传统日语课堂教学时间的分配

在我国传统的日语课堂教学中，教师需要把本节课的所有知识点通过语言表达等多种方式传授给学生，学习的过程十分枯燥并且会占用很多课堂教学的时间，而这些学生的综合能力和语言水平却没有得到提升。我们分析其原因主要是学生缺乏学习日语的兴趣，对于课堂教学中所有的基础知识点没有做到行之有效的消化，换句话说，就是课堂上没有太多自主学习的时间，只是一味被动地接收知识，没有真正地理解。

（四）传统教学方法

传统的日语教学方法包括"直接法""翻译法"。这种课堂教学模式的主要特点是把学生注意力都集中放到了教学课堂上，教师通常会在一节课中，将这一课时所有的基础知识通过课堂讲授、教师答疑、预习、复习相结合的方式传授给学生。这样的教学模式缺乏新意，久而久之，学生就感到枯燥乏味，丧失了学习的积极性。

日语教学主要以培养一批国际型人才为主，此类人才不仅需要牢固地掌握日语的专业知识，还应该充分了解日本的民族文化，并且具备很强的跨领域文化沟通能力。但是，传统的"满堂灌""一言堂"教学模式很难满足这些需求。所以，无法更加有针对性地培养学生自主探究学习的能力。另外，在日语实践教学中，大部分日语老师没有正确认识到日语教学与公共基本日语教学之间所存在的区别，往往会采用同一种教学手段或者方法，未能明确日语的教学目标。如授课班级的日语学生规模相对较大，无法进行日语的情境教学，缺少实际的商务教学案例，无法给日本的案例教学工作者提供充足的资源和素材。

二、传统日语教学的不足

在传统日语教学的课堂中，大多数日语老师所采用的都是"灌输式"的教育模式。老师讲解、传递知识点，学生做笔记，整个课堂完全以教师为主。这种教学模式所培养的大部分是"高分低能"型的学生。但是语言学习并非像其他课程的理论知识学习，它所注重的就是语言在实践中的灵活应用，而这样的教学模式无法使学生在日常交流中正确地运用日语。

（一）日语教学现状

虽然很多高校都开始日语专业，但因为日语学习在我国教育领域起步晚的原因，导致日语专业老师缺乏。另外，即使有日语专业老师，但因为受到各种原因的影响，这些老师的日语专业水平并没有达到高校日语教育要求，如有的老师在日语语法、日语口语能力方面还很缺乏，而有的老师则缺乏教学经验，这些都是日语专业师资薄弱的体现。还有，很多高校日语本科主干课程的一大通病是课堂气氛沉闷、教师"一言堂"，总给学生一种昏昏欲睡的感觉。很多高校存在盲目推崇日语专业学习，即看到其他高校开设日语专业，自己也想开，但并没有考虑到本身的实际，导致日语专业目标定期不明确。有的虽然明确了教育目标，但因为开设较晚等原因的，在课程体系方面还没有得到完善，依然使用较为单一的教学课程，不利于该专业学生日语应用能力提升。还有的则是"重理沦，轻实践"，日语专业理论课时多，实践教学不足，不利于学生实践能力提升及复合型人才培养。甚至部分高校的日语专业教育还在延用较为老旧的教材，相应的教学理念及教学模式等也没有更新，使得高校日语教育内容枯燥乏味，难以激发学生学习兴趣及积极性调查显示，很多高校还使用《新编日语1-4))(上海外国语大学出版)陈旧教材，该教材最早出版于1994年初，修订于2009年，但修改后的日语教学内容并没有发生大的变动，已经无法满足现时代日语教育需求，也不利于学生日语交流能力及跨文化交际能力的培养。

（二）课时分配不合理

学时缩减，教学任务繁重。因人才培养要求和专业课程设置的需要，近年来我国部分高校大幅度压缩了专业课的学时和学分。以日语基础课程为例，作为语言学科的必修课之一，在整个语言学习过程中起着非常重要的作用。目前，各大高校普遍都减少日语基础课的课时，让路给其他与日语专业无关的科目。不仅如此，随着各高校日语专业人才培养方案的改革，每学期开课的日语科目门数呈现逐年减少的趋势。众所周知，语言的学习是非常耗时的，要想达到日语能力测试一级水平，掌握听、说、读、写、译等方面的专业技巧，需要不断地加大训练力度和强度，而目前日语课时量的不断压缩，日语专业教师能够在规定的周次完成基本的教学计划难度就很大了，更何况要达到日语专业能力水平的要求。从大一到大四，日语的基础课程仅占三个学期，可想而知其他的"泛读""听力""口语""概况""文化"等一系列专业性课程的综合压缩，要想仅有的课时分配上熟练地应用自己所学的知识还存在一定困难。课时分配不合理已成为各高校日语专业不容忽视的问题。

（三）教学中现存的问题

由于日语课堂上教师经常需要大量地运用中文来讲解日语词汇和语法，日语学生在课堂上的使用率相对较低，教师不能保证了解每一位学生对知识点的掌握情况，并对学生存在的错误理解进行及时纠正。另外如果日语老师全程采用日语来授课就可能会导致很多日语学生因为听不懂日语而产生理解上的偏差，无法有效达到提高学习的自身效果。目前国内这种特殊情况存在的基本原因是日语课程中经常会出现带有一定新语义的单词，新颖的语法导致部分学生心理压力增加，或者是对这些单词、语法缺乏理解而导致其对课堂中学习时间的利用效率大大降低。

为了使学生更好地掌握日本文化背景以及提高他们的语言表达能力，许多专科院校都开设了与日语专业密切相关的课程，但是许多学生因为自身的特点和原因，很难将这些课程的内容与实际情况进行结合，导致学习效果不明显。

（四）学生中存在的问题

在我国普通高等学校开始实施扩招之后，各个高校均面临学生人数和规模的迅速增长而导致的学生素质参差不齐、生源整合能力差异明显加大等诸多问题，使很多老师觉得自己的学生一年比一年难教。

一方面，大多数同学在读完高中之后，感觉比较迷惘，对自己的大学职业生涯也没有一个明确的规划。不知道自己现在想干什么，将来还想做些什么。大多数的学生都觉得上课的最终目的是获得高分，忽略了对自身专业技术能力与综合素养的培养，对自身的大学生活也无法做出合理的计划。

另一方面，许多学生仍然继续沿用高中阶段的传统学习模式和方法，学习的自主性较弱，如果基础太差，就可能会直接影响以后相关课程的学习。基础差导致学生的听课困难，从而使这些学生的课后作业主要依赖参考习题的解答或同学们的回答。这样的现象引发了恶性循环，基础不扎实的学生绝大多数只是希望自己可以顺利通过考试，而完全忽视了课程本身的含义及其对今后学习和工作的影响。

第二节　网络平台介入的时代需求

一、数字化时代的基本需求

数字化时代下信息技术的运用在教学课堂中随处可见，其能够吸引学生的注意力，对学生的学习起到导向作用，成为学生不断学习和探索知识的内在动力。在教学中培养学生解决问题的能力和思维的批判能力，能够满足当下各种不同教学风格的需求。在翻转课堂中教师经常会为学生设计一些不同层次的问题，引导学生不停地挑战，不断激发学生的学习热情。

今天，人们已经离不开移动端和互联网这个信息交流平台。大数据时代的来临，改变了人们接收信息的形式和思维方式，影响了人们的生产方式。传统的教学方式是日语老师进行语法讲解，学生被动地接受，加上教学过程枯燥乏味，很难激发学生学习日语的积极性。在目前这个互联网高速发展的时代，日语的教学不应只停留在学校里、课堂上，也不能仅停留在老师的课堂授课和灌输上，还可以扩展到网络平台上。学校应该进一步改变传统的教学模式，善用网络资源，通过采取一种将课堂讲解和授课与学生在校内进行自主上网交流相结合的形式，充分调动学生学习日语词汇和语法的积极性，提高学生的自主学习能力。

二、平台介入的现实价值

其一，从覆盖面的角度来说，"云课堂"的教学已经突破了对受众的局限性，既能够让特定的一个或几个年龄段的人同时参加学习，也能够让一个年龄段的所有班级或者一个大学各年龄段的学生同时参加。当然，具体每门课程在多大范围内进行开放，要依靠学校或者教师自己的实际情况和要求进行设定。

其二，从网络时空角度来讲，线上教学已经打破了传统的时空局限，不需要学生统一到学校、去课堂，坐得整整齐齐才能正式开始接受教育。学生只需要根据自己的教学活动计划和地点安排，按时登录自己所学课程的平台，根据要求和邀请，就能够积极地融入"课堂"上，无论他（她）在北方或南方、城市或农村、国内或国外，只要拥有网络和电脑，就可轻松地实现在线学习。而且，从学习的时间角度来讲，学习者除了可以通过云端进行同步学习外，对于一些已经采用了专业化的平台或者录制储存云端的课程，学生们也可以在课后重新登录，调出自己的学习模块重新对其进行学习，以巩固自己所学的知识，或者解决之前学习中存在的困惑，这正是现场课件教学所无法做到的。

其三，从教学效果角度来讲，线上学习已经具备了现场教学难以达到的互动功能。我们可以发现，一方面由于每个班级学生的品行和性格均存在差异，有的班级学生自然、大方、主动，喜欢课堂上积极提问和主动回答问题，而有些学生比较害羞，即使没有听懂，也不太愿意当场提问或者解决自己的问题；另一方面，当代的中国大学生和20世纪的中国大学生之间有着巨大的差异，由于出生在互联网和信息化的新时代，很早开始接触互联网，在这样的环境中，他们很快表现出与面对面的环境下截然不同的精神气质和心理状态。这里并不含有贬义，只是指一种人在不同沟通方式中所表现出来的状态。线下他们有时候会胆小、害羞、不善言辞，但是线上就可能会十分主动，不仅思维活跃，甚至金句频出。传统的教学方法完全可以出现一个全新的变化，但这个改变实现的前提条件是人们思维观念的改变。

其四，从教育的角色定位来讲，这样的线上授课模式，带来了师生角色的一次全新转型。在传统的模式下，课堂本身就是教师的表演舞台，教师本身就是一个指挥；学生本身就是观察员或群演，是被动地接受知识的人。教师讲什么，他们就去学什么。教师把自己认为重点的知识教给学生，学生便去接受这些知识，这样的学习方式缺少了主观能动性，更加缺乏了创造力。在线上的教学模式下，教师在某种程度上仍然是主导，但不再成为绝对的教学主角，信息的逐渐增多，会倒逼着教师进行思考和不断探索。

第三节 大数据时代的日语教学

一、明确日语教学目标

在现代课堂教学中，老师要为每个学生量身定制共同成长的课程教学目标，为了使每个学生都能在这里体验到一种成就感，老师们可以将不同的目标细化成不同的小目标来实现，使每个学生都能在这样的课堂上针对这个目标自主地完成教学任务。教师可以借助信息化教学手段完成教学任务，通过查看学生的自主学习记录、教学任务完成情况等对学生的学习形成有效监督和把握，使学生的学习更有效果。

二、以学生为主，培养学生自主学习能力

大学的教学目标是源源不断地为社会培养各种技能型人才，使学生在学习中能够养成自我管理和约束的行为习惯。因此，在翻转课堂教学中，教师要及时转变教学模式，以学生为中心进行教学，加强师生间的互动和交流，使师生在教学中共同进步。在翻转课堂实施中教师可为学生提供一些简短的学习视频，引导学生自主观看和学习；使学生以小组的形式针对知识和问题进行探索和研究，更加注重学生掌握的知识和需要理解的知识，不断提升日语教学的实效性。

翻转式课堂正在我国教育中推行，其使教学的重心发生了转移，学习的责任也需要学生来承担，其不再仅仅是通过教师一味地将知识强加于学生身上，学生也不再被动地去理解和接受传统的日语知识，而是转变思路和形式，成为学习的掌舵者。

（一）理论联系实际，促进学生全面发展

虽然我国的高等院校大多数都是以培养具有学术性的人才为主，但是实践技能在一定程度上影响着大学生的未来和就业，学以致用才是其学习的最终目标。

（二）顺应时代，培养新型人才

中日之间的文化交往已有多年历史，这一切都将以精神和传统文化的形式贯穿始终，随着文化全球化的加剧，对新型中日文化沟通人才的需求日趋旺盛。所以，创新教学模式是为了顺应潮流，培养适合社会需要的新型人才。

（三）营造良好的高校学习气氛

当代大学生在高中毕业进入高校之后，可自由支配的时间比以往明显多。多元创新的课堂旨在通过"情景＋语境＋文化"的形式来培养学生的学习兴趣，指导他们合理地利用时间，调动他们的积极性，启迪他们的发散性思维，从而为学生营造一种生生协同合作、教学相长的良好的学习环境。

三、调整课程结构

随着时代的进步，人才培养发展目标的制订方法和重点也在不断发生着改变，这就要求对当前正处于转型升级时期的我国日语教育课堂的课程结构进行相应调整。现行的日语课程教学框架由于缺乏针对性，一方面形成了片面的基础知识需求结构，限制了其个性化发展。另一方面导致不同学科之间的联系不紧密。综合近年来的企业用人情况，社会上对日语专业学生能力的培养要求必然是多种、多样和多领域的，不同的就业岗位对听、说、读、写、译等各项日语基本技能的要求更加多元化，要解决这种不同要求的人才问题，就需要更加科学有效和针对性地对课程结构进行调整。

四、创新教学手段

在大数据时代，改变传统的教学方式，创新教学手段是提高教学效率，培养符合时代发展的日语人才的重中之重。

例如，把"基础日语"这门课程中主要知识点和内容按照模块编辑并录制为一个微课视频，供广大学生进行课前预习和课后复习使用，能有效地培养学生对课程学习的主动性，今后可构建一个集教学视频、课件素材、实验训练、学生的提问、教师回答等于一体的网络课程教学平台，实现教学资源的共享，做到现代化的教学方式和传统的教学方式相结合。随着我国现代高校信息科技资源的广泛普及，依托网络平台和互联网资源所带来的教学优势，可以为其补充和传递丰富的专业信息。

在新课教学内容上，教师要着眼于学科专业和相关知识点的整体性和动态性发展，根据实际需要将相关知识点不断地研究更新和完善补充至实际课堂教学中。同时，老师们平时要特别注意收集和整理社会经济生活中的新闻和热点问题，并将其及时整理运用到新的课堂教学中，例如，教师们分别结合两会工作报告、南海主权纠纷、大阅兵等国际热点新闻，在日语课堂上引出人们关注的最新日语关键字和词语，从而在一定程度上激发学生学习日语的兴趣。

在课堂，教师可以根据实际需要，灵活地运用不同的教学手段。作为一个针对基础日语人员专门的教学课程，"基础日语"被认为采用了比较传统的日语课堂教学模式。其以课堂讲授形式为主，采用了比较传统的课堂板书教学方式。而在"日语会话""日语视听说"等以日语听说学习技巧和日语能力训练培养为主的大型数字化日语课堂上，则多数采用的是学校任课老师精心挑选的教学视频和各种声乐以及音频教学材料，通过模拟实际的日语教学活动场景和课堂语境，达到让全体学生充分感受到教学语言表达的艺术气息和课堂氛围的目的。在文化型的旅游课堂上，采用了结合情景互动教学法、案例互动教学法等基于学生之间自相互动、自我交流、互相参与的互动教学法，采用了结合课堂问题讨论、角色扮演、旅游途中突发事件的互动处理等多种互动教学方式，并通过活动引导教师激励学生自由地逻辑联想和独立探究，培养学生在一次带团旅游过程中独立分析和探讨解决问题的逻辑意识和思维能力。

目前的大学现代化考试模式大都采用笔试形式，任课老师在考试方式的选取和成绩等级的评定上均无自主能力。往往是将期末考试的分数作为衡量每位学生日常语言文字学习能力的标准，尽管个别项目有口语测验，但是在总体成绩中占的百分比相对较低，很难充分反映学生真实的日语听说水平，考试形式对学生的语言文字学习活动开展具有引领性的作用，这导致学生的笔试成绩较高但是口语表达技巧较差。

所以，日语考试应全面考察学生的"听、说、读、写、译"能力，结合笔试、口试，线上、线下等多种方式，促进学生在教学开展过程中注重各方面能力的发展，真正提高语言学习的效果。

第二章　大数据时代与日语教学

第一节　大数据时代背景

一、大数据背景

（一）大数据

大数据最初起源于一些经历了信息和网络大爆炸时期的学科，特别是天文、基因等。2008 年，《自然》杂志在其出版的研究性专刊"大数据"中明确提出，大数据的意义和作用范围涉及互联网技术、电子商务、超级计算、环保科学、生物医药等多个方面。大数据渗透到了与我们日常生活紧密相关的每一个行业。与此同时，也为推进我国高校学生教育的管理发展改革带来了一系列新的发展机会与创新挑战。高校学生教育管理信息化与教育大数据已经逐渐成为我国社会各界密切关注的一个社会热点。杜婧敏（2016）的主要研究成果表明，教育领域大数据是一个主要反映我国高等教育整个发展过程和历史时空的，涵盖多种类型的全方位样本的大数据综合聚集体。教育大数据是以课堂教学管理活动的整个教学过程中所有体静态和各种动态的各项教学数据信息为分析采集的数据对象，利用这些数据信息采集技术的各种功能模块来实时监控和分析课堂教师教学管理、课堂教学、学习、评估等具体的教学业务，在课堂教学活动状况的实时分析、因材施教的具体措施执行、学生对自己课堂学习的各种动态分析跟踪等各个方面都能够充分体现自己的应用价值。陈坚林（2015）指出：大数据具有的规模、多样、高速、价值四大基本特征更凸显出其与高校教学深度融合的必要性。大数据的定义为"容量大、种类多、速度快、价值高的海量数据的集合"。大数据的到来让我们从互联网上获取资讯、学习知识的途径和方式也有了根本上的改变。大数据极大地拓宽了我们获得信息和知识的渠道。

（二）教育大数据

"大数据"这一概念最早是被世界著名的商业咨询机构之一——麦肯锡公司提出的。利用大数据，我们既可以更好地对学生进行招生分析、就业分析、图书馆分析等方面的教务管理，又能够对学生进行轨迹分析、在校情况监测等方面的教学管理，还能够对教学质量考核、在校学生表现分析等方面进行教学效果评价。

如何有效利用好大数据，让它能够更好地服务于高校的教育工作，是必须进行认真研究和思考的。大数据的迅速发展使外语教学需要面对机遇和挑战并存的全球化局面，这给日语教育教学的改革指明了新的方向。在大数据的辅助下，混合式的教学模式、互动式的教学模式等一系列全新的教学模式正在被逐渐普及到课堂教学中。今后的大数据将会更广泛和深入地影响到我们日语专业的课程和教学。

二、教学资源与教学模式

（一）教学资源

近年来，各高校都开始十分重视对日文泛读性和语言学科教学研究成果的开发和教材编写，其中的教学方法也已经有了巨大的技术创新和重大变革。虽然题材的范围和领域、体裁的灵活性和多样性、内容的丰富等诸多方面均已有了较大的发展改进，但仍然存在着一些新的问题，例如重新选材的部分中短篇文章由于内容陈旧，不能充分反映和突出当时日本的文学现状。再次，教材的文本编写仍然遵循我国传统的日语教材文本编排模式，注重对教材文本的正确阅读，缺少对学生阅读基础知识和数学技能的有效训练，使教材缺少内容性与科学性的统一。任课老师在课堂教学中常常需要合理地组织整个课程的整体设计和教学方式。再者，在我国日语教育飞速发展的今天，单纯地直接依靠某个教材项目来直接进行远程授课的教学方式明显落后于这个教育时代。"移动互联网＋日语教材"的模式显然更加适应时代的趋势。"微信云课堂""慕课""数字化平台"已经逐渐成为主流课程教学手段，辅助课程的教学。

（二）教学模式

由于目前承担专业教学的老师中绝大部分都是受传统的教育模式培养起来的，他们学到的知识体系结构更加系统、知识内容也更加连贯。我国已经步入了信息时代，信息资源正在呈现出爆炸性的增长。在教育信息科学技术不断飞速发展的今天，教师们应该做到与时俱进，适应这个飞速发展的信息时代。教师们要应用好大数据，改变传统课堂教学模式，探索课堂教学方式的改革，创新教学模式，将混合式的课堂教学模式、交互式的课堂教学模式等各种教学新模式有效融入今后的课堂教学工作中，从而大大提升课堂教学的质量和教学效果。

（三）混合式教学

混合式的教学模式是基于移动互联网技术的教学和传统教学相协调结合的一种教学模式，何克抗（2004）对混合式的教学给出如下的定义："我们所谓混合式教学，就是需要将传统教学方式的优势和网络化学习的优点紧密地结合在一起。既要充分发挥老师引领、启发、监督教学全过程的主导作用，又必须要充分体现老师作为学习全过程的主体性、积极性与创造性。"在具体的课堂教学中，混合式教学模型的制定和实施主要包括：教学资源、课堂教学手段、课堂教学工具、互动方式、学习手段、课堂评估六个环节。也就是说，在我们开展课堂教学实践的整个过程中，应切实地将"线上"和"线下"教学模式相结合，充分利用各种来自不同网络平台的课堂教学信息资源，灵活地采用最有效的课堂教学手段，使教学设计变得更合理、更科学，从而引导广大学生发挥其主观能动性，并积极地参与其中，以此推动教学效果的大幅度改善。

三、大数据的应用

（一）基于大数据进行学习分析

大数据，最初主要是被广泛应用在零售企业或者商家中，主要是使用户的日常消费行为可以被统计与分析，以此为基础来准确掌握每个用户的日常消费行为和形式，而把大数据运用在学习的分析上也是基于同样的原理。通过对学生的日常生活及自己所学知识和方法的数据资料进行综合整理和分析，以此为基础来准确地分析和反映出每个学生的兴趣爱好，对其学习与发展需要做出预测。关于学生学习与发展的相关课程管理体系，各种考核作业所提交的信息，课外活动中的内容等情况都可以作为互联网和大数据的一个重要基础资料，用这些资料来了解学生的实际学习心态和轨迹，可以对学生进行长时间观察，获得更多学生的学习的规律与兴趣，从而有效地切入。

（二）以大数据为基础设计学习场景

由指导老师自行主导和承担包括学习方式的引导、组织方案的设计、个性化的评价等内容。上课前教师根据需要对课堂内容进行整合，结合每位学生的不同特点和需求，给出相关的资源链接以及相关的教学课件。在实际的教学中老师应该提前布置对课程和教学情境的要求，尽量减少和缩短教师讲授的时间，将其精力集中在解决教学的重难点和提高学习效率上。

（三）以大数据为基础设计教学方案

要想以大数据为基础来对学生的专业技能进行改善，就需要教师去做好引导与创造性的设计，结合他们所在岗位的人才培训方案和他们的具体需要以大数据作为背景，对学生的学习习惯与兴趣爱好进行分析，这样才可以为不同的学生量身打造出不同的培育机制和方案，形成一个优势互补的共同体。只有我们把握住了这一个重点，才能充分调动学生们上课的积极性和学习热情，从而更好地提高上课效率。

（四）制作线上教学资源

在移动互联网快速普及的当下，如何正确锁定和激活学生的注意力已经成为教师和学生们必须面临的一个问题。传统的教学课件，以 PC 软硬件为基础，并结合知识系统搭建内容。这类教学课件的形式难以再次吸引学生的兴趣和注意力，而那些充满挑战，又增添了互动性的元素短小精悍、具有问题解决导向的课程资源，逐渐受到教师青睐。利用兴趣和元素进行导入，利用大方丰富的网站页面作为内容，以游戏 3D 和动漫作为主要手段的现代化教学资源成为教师进行课堂教学的一个关键性途径。

（五）信息推送

信息推送技术是一种有趣的方式与尝试，在互联网和大数据的应用背景下，它结合学生自身的学习规律与兴趣特征，在恰当的时候通过微信或 QQ 与群组进行班级管理，为其他学生推送优质的教学资源，这也成为互联网和大数据应用背景下我国高校教学改革工作的重点。这对教师们提出了更大的挑战，他们需要从大量的信息中，针对不同的学生选择带有挑战而又富有趣味性的信息内容，通过简单的课件连接将与之相关的内容直接提供到学生手中，同时向学生推送的信息内容必须和教师及其自己的个体特征密切相关，只有学生对信息感兴趣，才能激发和培养学生自主参与学习的积极性，这一点很重要，要避免采用的信息无法引起学生的兴趣。这就要求用大数据的方式来进行分析，否则有效信息便会像一些垃圾消息那样被忽视、被删除。

随着我国移动互联网技术的普及和发展，移动终端的教学软件也像云计算等大数据时代的应用一样如雨后春笋般得到了广泛的研究和应用。在互联网和大数据技术支撑下的新一代移动终端教学软件，使高等院校混合式教学手段方法的创新和改革成为近年来学者们密切关注的热门话题。与传统日语教学模式有机结合的混合式教学模式，更符合我国教育改革的需要。作为以培养各类应用型综合性复合专业人才为主要教学目标的普通高等院校，应积极把混合式的教学理念运用到具体的课堂教学中，才能在全面提升教与学的素质中，促进我国师生的整体健康发展。

第二节 高校日语教学现状

目前我国某高校与网络教育企业已经展开了长期的合作，专门为学校内部所有学生提供日语网络培训课程，以此来准确地记录学生进行日语学习的内容、频次及培训时间。这种课程能够帮助学校对学生日语学习的现状展开更深层次的了解和分析，以此来开设一些比较有利于促进学生自身和社会发展的日语培训课程。虽然这种模式目前已经逐渐在国内得到了普及和推广，但仍然存在一些缺陷，与目前我国高校对日语课堂教学的发展要求无法完全匹配，因此，在高校日常日语教学中，要与目前较为普遍流行的大数据技术紧密地结合，以此帮助高校学生有效地获得更详细的日语学习资料，进而研究制定一套更加合理的培训计划和实施方案，以满足各种专业技术人才的需要。

一、日语课程教学存在的问题

（一）教材的适配度不高

相对于普通专业知识类型的专业课程基础教材而言，专业化的课程教材可能要稍微显得小众一些。越来越多的高等院校都已经开设了日语相关专业的科学基础知识和人才培养导向课程，然而这个专业目前还是缺少成熟的人才培养和管理体系。在仔细检查搜索市面上的日语教材后，不难看出这些教材有的比较复杂但缺乏系统性，有的教材对于我们的大学本科生而言理解比较困难，有的则更加注重对实际案例的深入讲解。总的来说，现有的教材与我们对学校现有的教学课程质量要求之间还存在着一些冲突。

（二）学生能力水平存在差距

日语专业需要学生具备较好的综合语言基础知识，但由于很多学生家长和同龄人在申请日语专业时都对自己将要学习的专业缺乏一定的了解，而盲目地选择了此专业。经研究发现，学生在中国高考上的外语成绩与平均分数相比差距太大，有部分学生出现了偏科的现象，其语言基础较为薄弱。通过我们的观察，这部分同学对语言的学习比较吃力。学生的语言知识能力同专业对学生的语言需求之间是相互矛盾的。

（三）教师专业水平存在差异

尽管一个高校的教师已经具有多年从事日语相关研究领域的工作和实践经验，但由于其缺乏系统的基础理论框架，因此只能在摸索中进行教学，在教学中发展和成长。教师的专业素质和水平与日语专业的要求也是相互矛盾的。

经过调查分析，存在上述三点矛盾的原因主要部分是由于我校日语相关教学专业自身的理论基础比较薄弱，缺少长时间的经验储备和知识积累。然而在这个"速食主义"的信息社会中，日语相关教学专业还需要进一步努力加快其课改的脚步，不能只局限于利用线上或是线下的教育资源，而是必须同时具有探索性和创造性地重新开发和不断创新一种能够贴合学校现代化实际的教学课程和素材。

二、解决现有矛盾

针对以上问题提出以下观点。

（一）做好课程衔接

在日语教学中要想能够在吸收到现有线下慕课资源的同时，做好多个平台和线上多种资源之间的内容相互衔接，这就必然需要教师在课前做好更多的准备。"台上十分钟，台下十年工"并非是一句空话，教师应该通过阅读现有的教材，分析慕课资源，详列授课计划等，站在每个学生的立场，做出贴合实际的解决问题的教学策略，创新教学模式。

（二）将慕课与传统教育模式相结合

教材的撰写不可能是一朝一夕的，任何一本经典教材的发表都要经过精心地编制和出版。慕课概念的引入和提出极大地改变了传统的授课模式，它具有大规模、开放式、自主型学习的特殊性等优点，慕课的教学模式将使学生由被动者转化为学习的主动者，转变了学生以往的学习模式。在 2019 年末的疫情暴发后，我国高等院校教育领域面临着由形式发展向内容发展的挑战，从另一个视角来讲，这将会成为一次慕课教育模型与传统高等院校教育模型相融合的一次历史性契机。教师们不能再依靠传统的课堂模式，而是要主动参与到教学模式的改革中。利用多平台选用优质的慕课资源，做好线上专业课程的选取工作，以加强专业课程的建设。线上课程的教学模型可以划分成四类：选择线上最优的慕课、自建慕课、教学直播及混合慕课。这四类教学模型都有其各自优势，教师应按照教学要求，灵活地选用教学模型，进而促成课程制度的改革。

（三）按需增补教学内容

针对学生日语基础存在较大差异的问题，教师既要深刻地了解学生的数量和知识，又要从课程中高度地把握这些内容。按照本课程的需求，在不产生任何影响教学工作进度的前提下，适当地加入其他的教学内容。这就增加了线上课程的授课和教学难度，教师们也可以合理地优选传统网络授课的教学资源，推荐给学生们作为课后的学习，着重凸显教学内容的现代化和实用性。

（四）提高教师自身能力

教师们在进行知识传播时，既要扮演一个知识的传播者也要转变成为知识的受众。整个教师团队在努力推动此次线上教学模式的改革过程中，通过对线上资源的准确把握和课程内容的调整，加深了对课程的理解和探索，不断创新和优化课堂教学手段，在实际操作中使教师自身的技能水平也得到了提升，从而与其教学要求相适应。

三、跨文化思维的建立

对于一个民族而言，语言和文化的影响是深入骨髓的。众所周知，对西方社会而言，社交层厚，对日本社会而言，社交层薄。社交层也可称作"对人黏着层"，也就是说跟外部接触时可以允许对方涉及的区域大小。社交层厚，也就是常说的善于交际，那相反的，社交层薄就是不善于交际。对于日本这个民族而言，不善于交际和交往成了其民族符号。作为日语学习者，对日本这样的民族，应该如何建立友好的交往层，如何理解这种民族的心理和特征，如何能融入这样的民族，这里面影射出来的不仅仅是日语语言的学习，更是对民族文化的探寻，这源于"文化来源是语言"，这面文化镜子时刻照射着日语的学习。因此，培养跨文化思维模式是学习日语必不缺少的思维模式。

第三节　大数据时代与日语教学

一、大数据时代背景下日语教学多模态课程互动学习教学模式中可能存在的一些问题

在当前的大数据时代背景下，为了使教师能够较好地开展日语多模态交互式的教学，就首先需要深入了解当前大数据时代背景下的日语多模态交互式教学模式应用中所存在的一些问题。

（一）师生信息素养方面的问题

在新时代大数据背景下日语多模态交互教学的模式中，信息技术与大数据的广泛运用是新时代日语多模态交互课程的基础性前提与重要保证，这就要求与其相关的学生、教师都需要具备良好的信息素养。因为大数据时代背景下的多模态交互式教学，首先要充分运用各类信息化手段，才可以把多模态的教学与日语内容、课程设计、教学战略等方面有效结合起来。但是就目前情况而言，学生和老师还是缺乏一定的信息素养，包括大学日语老师并没有真正能够熟练掌握更高层次的信息知识和技能，这就造成了大数据在大数据时代背景下的多模态交互式教学模式中往往得不到良好的运用。

（二）传统教学模式导致大数据时代背景下的多模态互动教学环境受限

在当前的大数据时代背景下，我们要想更好地开展一种日语多模态交互式的教学模式，首先需要具备一个特定的心理环境与物理环境，然而当前很多日语教学仅仅只是在传统课堂中进行，教学内容比较单一，具有较强的局限性和封闭性，而且班级的规模与座位的编排都比较固定。这就在某种程度上削弱了大数据时代背景下日语多模态交互式教学模式中的交互效应，无法真正体现其实际的教学效果。

二、传统教学效果的现状

高校为大学生开设各种形式的选修班，使他们能够从根本上构建更加全面丰富的知识结构，同时也可以培养大学生的独立自主学习能力以及探索与创新实践的能力，提高大学生的综合专业素养。然而，在高等院校中仍然普遍存在着课堂上消极、教学方式单一、老师与学生之间不互动等现象。

（1）教学模式比较单一。在课堂上，都是由老师向学生进行单方面的教学，而忽视了学生的体验感受与意见。这样的单向授课模式导致学生感到自己所学的课程是索然乏味的，难以激发他们对学习的兴趣。如果教师能够因材施教，那么现实中的情况也许会有所改善，但这对教师的要求非常之高，许多教师都难以达到。

（2）教学内容比较落后。由于高等院校的教学的知识理论性比较强，难以充分运用生动形象的教学方法，因此高等院校的领导往往会忽视生动形象教学的意义和重要性。

（3）教学活动实施效果差。现在高校的课堂教学活动基本上都是以课堂讲座和教学活动为主，老师为了使他们能够按期完成一节课往往不会给予一些学生进行自主探究和研讨的机会。由于教学内容的专门技术性比较强，内容也很深奥，因此老师无法及时地管理好课堂纪律。在这样的情况下，学生往往会分神，不能正确地理解教师所讲授的知识点和内容，导致了一个恶性循环，学生对课程也会产生一种厌倦的心理。

（4）缺少了师生间的互动。在我国传统教学模式中，教学活动的各个部分和时间都是被限制的，老师们很难把所有知识透彻地传授给学生，而且学生们也很难把自己所需要的知识在相当长的一段时间内有效地去吸收、消化。在与学生的交流和沟通中，师生关系疏远，老师无法及时发现每个学生存在的问题和困惑，学生也没有及时向老师询问解决这些困惑，因此学生较难接受到老师的及时回复。这种状况直接导致一些基础知识薄弱的学生很难获得进步，以至于放弃学习，逐渐与老师疏远。

多媒体课件和教学系统经过多年发展，已由单一、独立的多媒体教学单位发展成为一个网络化的智能课堂教学和信息化管理服务平台，它充分利用了网络通信技术、多媒体视听技术、计算机多媒体等信息技术，形成了交互式的网络课件和信息化教学环境，彻底改变了以前传统的多媒体课件和教学方法的应用模式。为了帮助高校完成教学改革，在课堂和教学的各个环节上实现更加有效的师生互动、学习者互动，基于"互联网+"的智慧教育学习环境建设应运而生，其核心就是集智慧课堂教学、人员考勤、装置管理、环境智慧自动调节、视频监测及遥感器远程操作于一体的新型、现代化的智慧教育学习环境系统，未来将会运用到高校的智慧教育课堂，从而带来新的技术创新和挑战。

三、大数据背景下日语多模态交互式教学模式的具体运用案例分析

在我们充分认识到当前我国多模态交互日语教学模式中仍然存在的一些关键问题之后，相关的日语教学管理工作者就必须要时刻立足于这些关键问题，立足于当前的日语教学，基于当前大数据时代背景下多模态交互日语教学模式的实际应用和当前日语发展的现状，做出有效的教学对策，从而优化日语教学效果。

日语作为一门具有很高的实践价值和应用性的语言类工具，它的特点主要表现在学生的社会交际与实践运用中。教师们可以运用大数据创建各种多模态的互动实践活动，通过两个或者几个人的小组或是多个小组进行交互式的实习训练，培养学生的交际技巧。比如为我们构建的多媒体短剧需要情境表演，在短剧的表演中，除了简单的语言表述流露之外，还要充分地借助于服装等，不但要用表情姿势等非语言因素来衬托出我们的语言所需要表述的具体意思，而且可以使用场景当中的其他要素，例如声音、图片、色彩、实物等等，构建了师生间教学内容的多模式、复合型的交互式语境。

在日语写作教学过程中，教学资源的建设始终是写作课程得以持续发展的一个必要保障。如何使教学资源连续化、系统化，并与其他课程交相辉映、相得益彰，是该课程授课教师必须考虑的一件事。在大数据背景之下，一切数据皆可量化，一切数据皆可分析，如何获取有用的数据，并做出合理的量化和分析，使其充分发挥其价值也是必然要考虑的。

在大数据的背景下，老师不再仅仅是知识的唯一拥护者和信息的提供者，学习人员变成了真正的信息中心。翻转式的日语课堂彻底颠覆了我国传统大学教育管理课堂，改变了原有日语教学管理过程，师生的教学角色也因此随之发生了重大改变，教师由对学生知识的直接有效传授者转化成对学生知识的间接有效引导者，学生从被动地进行知识学习转变为主动地开始进行自主学习。慕课、微课的急速发展弥补了传统班级授课制的缺陷，使学习内容、学习时间、学习地点、学习方式、学习量、学习进度由学生决定成为可能。作为日语专业核心课程之一的日语写作课程要改善缺乏师生互动这一短板，必须紧跟时代，进行变革。具体来讲，要打破以往"学生写、教师批改"的单一管理教学模式，着力于培养学生准确捕捉重要信息并合理分析的管理信息综合能力，提高学生独立自主组织学习的综合能力，增强学生分析实际管理问题、解决实际管理问题的创新意识。例如在开始研究之前，我们就已经组织了大量的高校学生针对写作相关的教学内容做了问卷调查，运用电子书

籍、网络等多种信息手段，搜集到了具有一定学术深度、广泛性的信息资料，并充分运用这些信息资源综合创作出了一篇条理性、逻辑性较强的文章。与此同时，我们还需要开启"学生协作"这一教学新课程的模式，要求每个学生在每个阶段的集中编纂和编辑修改都达到完美并与其他同学互相参与点评，这样我们可以使其他学生彼此学习共同激励，进而可以提升每一节课的教学质量。

四、大数据背景下日语课程混合式教学模式

当代的大学生是伴随着互联网与各种智慧型移动终端逐渐成长起来的新兴一代，他们在学习中对新鲜事物的认识和接受能力较高，对各类现代软件的运行和应用得心应手。日语阅读课程的教学也应贴近学生的变化，与时俱进地改革和创新教学的理念和方式，以增加其教学的效果，这些都是我们作为大数据时代的大学教师迫切需要去完成的必然蜕变。在这个大数据时代，借助于智能移动终端，我们可以将日语阅读教学由以往简单的课堂教学拓宽为专业即时地回复教学，可以完全免除时间和地点的约束，并且可以实现碎片化的学习和移动式的学习，从而有效地提升学生的学习质量。

（一）课前设计

在进行日语读物材料的选取上，应该是难易适宜，符合学生的综合学习能力，且必须兼顾其趣味性和可读价值。在进行备课时，教师要认真地精选所需阅读的内容，结合自己所掌握的教学内容，制订行之有效的教学策略。关键的知识点要在课前梳理好，并且要更加注重与其相关联的历史文化背景知识的总结，预先明确教学的重难点，事先做好各种相应的处理及应对措施。在对阅读课的教学内容进行深入探讨研究的基础上，制订提高预习能力的方法，例如：布置阅读任务、资料查询任务。然后通过 QQ、微信等手段把预习的要求发送给学生，让他们能够在课前就对将要掌握的内容和与其相关的背景知识有确切的了解，以激发他们的学习积极性。

（二）智能移动终端辅助传统课堂教学

在日语读写课程的教学中，在导入的各个环节和具体流程中都可以运用移动终端来实现辅助式教学。第一，在导入环节，导入质量的好坏和水平高低在很大程度上影响着它所带来的实际效益，这也直接影响着后续教学工作效果的好坏。因此，在开始阅读教学活动之初，教师就可以通过有效的导入，引起广大学生对阅读素材与教学中所涉及的知识点的重视，从而调动其学习的兴趣和

积极性，以便促进阅读教学工作的顺利实施。在开始授课之前，教师已经布置好了一系列的预习任务，在导入过程中教师可以充分运用个人演示或者是分组讨论的方式，实现自然的导入。第二，在具体的教学中，老师们还需要改变以往单纯的讲授模式，借助移动技术或是多媒体技术，采用"线下和线上结合"的形式对学生进行教育。

（三）课后延伸与拓展

由于课堂教学的时间有限，无法完成更多的阅读教学任务，因此可以通过移动终端，实现课外延伸和拓展。在顺利完成了课堂教学之后，教师应鼓励学生及时地巩固所学知识，如积极地完成课后作业，并将作业及时发送给老师，教师在微信平台上及时地批改作业，和学生进行沟通交流，给予反馈。针对那些对所学知识点理解较差的学生，可以进行有针对性的辅导。同时，教师还可向学生推荐阅读素材，扩展其知识面，提升其阅读兴趣。如：结合学生不同的阅读兴趣与阅读要求等，可以为他们推荐一些浅显的原著、长篇简单的读物；订阅"无声人语""日语阅读"等微信公众号，使其始终保证每日阅读。每个学生都希望能够找到一种适合自己的方式来阅读文章，这也是我们课堂教学之外的一种有益补充。

（四）学习评价

传统的日语阅读课堂的评价大都是以老师评估为主。单纯地去考察和分析学生的语言知识结构，难以使学生通过评估来强化自己的阅读和学习技巧，从而提升自己的学习兴趣，改进课堂教学流程，提高课堂教学质量。对此，教师可以运用QQ、微信、邮件等手段，对学生的实际学习状况做出客观评价。相比于传统的测验、小考试等评价方式，这种评估方式更加密切地关注到了学生的自身学习态度、进步和成长，更加紧密地贴近了学生的学习，更加容易调动和激发学生的学习兴趣和活跃度。

当前，随着我国信息技术的发展，我国的经济实力在不断增强，我国社会也已经受到了大数据技术的影响，人们逐渐进入大数据时代。以"互联网＋大数据"的新时代为背景，现代人的日常生活和人们的思维表达方式都已经有了很多重大的变化，而"互联网＋大数据"为我们带来的意义和影响不仅于此，无论在各行业的蓬勃发展中，还是在高校教育教学发展中，大数据都无处不在。

五、新时代大数据背景下的高校日语课程教学改革的基本原则

（一）可行性原则

可行性是在以互联网和大数据技术为基础的我国智慧教育课程实施的关键因素，在研究和设计我国高等院校智慧教育信息化平台的过程中需要综合地分析其可行性，如对高校学生日常的生活和学习资料进行整理和分析，以此来准确地评估人们日常生活及学习过程中的各种数据，通过这些资料来准确地评估高校学生的日常学习和发展情况、各种兴趣及其喜欢与爱好，分析智慧教育信息化平台建设的可行性。

（二）综合性原则

以"互联网＋大数据"为主要发展背景的智慧教育必须以综合作为基础和原则，不能仅仅只针对一个学生，教师与学校需要互相配合，所以我们在教学设计上一定要分析不同人口和学生的不同特点和需求，从而实现各种个性化教学的设计目标，利用"互联网＋大数据"来分析得出不同人口和学生在各种特点中的区别和相同之处，这样因材施教才有可能体现大数据对于高校改革的正面推动效应。

（三）容易操作原则

在互联网和大数据的背景下，智慧教育推广应用要符合容易实现和可操作性较高的原则，在其执行的过程中，用户通常只需简单的一个操作即可完成多种功能的要求，所以必须将其设计得简单易懂，并且是一个可持续运营的智慧教育服务平台，其最重要的特点是能够引导用户对该服务进行充分利用和运营。

（四）安全性原则

大数据时代虽然给社会和大众的生活带来了许多的帮助与便利，但与此同时也仍然存在着一定的问题与风险。在"互联网＋大数据"的时代，随着我们个人信息质量与价值的增加，个人信息的安全隐患慢慢地转变为影响我们日常生活和工作的一个重要因素，所以在课程的设计上以"互联网＋大数据"为研究背景的"互联网＋智慧教育"，需要将安全性摆到一个重要的位置。信息安全的同时又要有效地预防病毒，这也是实现大数据可持续发展的重要因素。

第四节　大数据时代与日语融合

一、学习能力情况分析

随着现代网络信息和电子科学技术的迅猛发展，大数据被广泛地运用到了教学的各个领域。但对目前我国高等教育的各个领域而言，大数据的运用则可以认为是一项崭新的教学挑战性活动。相关的教学工作者如何能够在实践和教学的过程中做到更好地运用大数据，把握日语大数据资源的特点和优势，将大数据和日语语言进行有机的融合，无疑是一个十分重要的研究课题。同时，在大数据的背景下，应以多种模态教学方式为主要切入点，把握多种模态交互式教学思想，进一步提高当代日语教学的效率。

二、大数据背景下的日语混合式教学的实施

日语混合式的教学模式，是充分利用互联网和大数据技术手段支撑下的移动终端教学软件，将其广泛运用到日语教学中，在课程制定和实施的过程中，采用"线上＋线下＋线上"三个教学阶段有机结合起来的教学模式。

（一）课前准备阶段——预习、自测

课前准备学习阶段的主要任务是通过一个移动终端的日语教学软件来组织实施，教师把所有课前准备好的学习软件资源进行分类整理发布到终端教学软件开放平台，并向每位学习者及时上传一份教学任务汇报表。此外，本阶段的教学资源主要指与本文各个主要章节的教学内容具有密切联系的教学课件、视频、照片、自测以及试题。学生及时主动登录学校平台，查看自测预习完成学习任务，在已准备好的预习任务单中明确所列出的具体自测预习内容要求。教师记录在每次自测预习的过程中可能会遇到的困惑和预习难点，并向各位同学提交预习指导书中所规定的自测预习试题。教师在每次课堂上或讲座前后都可以随时登录教学平台，实时查看每位听课学生的基本学习点、任务目标是否已经完成或正在进行。根据每位听课学生的学习目标和任务完成后的状况，及时督促、不断鼓励他们学习。通过教师参考教学平台向大家实时反馈海量数据，分析了解每位听课学生的基本知识结构薄弱点和问题所在，及时调整课堂上的教学方法和学习重点。

（二）课堂教学阶段——讲解、讨论

在课堂教学阶段教师要充分利用传统的说教与线上教育平台师生交流教学互动有机结合的机会，在对学生进行传统课堂教学说教的同时，要注意充分利用目前的多媒体教学技术手段来有效提升学生的课堂互动效率。教师是课堂教学宣讲的主要执行者，结合学生在课堂预习阶段中所反馈的大量教学信息，引导他们组织开展一系列的课堂教学活动，其中主要包括学生签到、投票和发问卷、头脑心理风暴、问题讨论、小组意见发表、举手提问抢答等。鼓励广大学生积极主动地参加各种课外教学活动，营造和突出极具现实主义的教学课堂气氛，激发他们拓展课外活动兴趣。

（三）课后复习反馈阶段——测试、巩固

课后复习和反馈阶段是在部分章节的教学内容全部完成后对学生的学习效果进行评测，主要是关注学生的能力是否达到了所预期的课堂教学目标。教师利用平台上的投票问卷、测试、作业任务等功能进行课后扩展式练习，设置相应的体验值激发和鼓励学生。学生在前两个阶段综合学习的基础上，需认真地做好复习和总结，并按时地完成由老师上传给学生的课后测试和练习。

三、大数据背景下的日语混合式教学效果

在混合式日语教学的开展与实施中，学生始终是教学的对象和主体，教师也担任着引导的重要角色。在教学实践的过程中，日语教学中的混合教学模式的效果正逐步显现。移动终端课程教学软件的可携带性为学生随时任意地进行课堂学习提供了方便，网络上丰富多彩的教学信息资源也给广大学生的深度学习提供了方便。依托课堂教学平台，老师们可以及时追踪学生的动态学习信息，掌握每一位学生的动态学习情况。共同处理新型课堂教学模式中可能出现的各种困难，为老师之间开展合作、共建课堂提供了良好的契机。

（一）激发学生的学习兴趣

日语教学强调语言的应用性，混合式的教学模式有利于帮助学生把所学的理论知识和实际操作相互融合，激发学生的学习兴趣。学生可以借助于教学平台来获取与其课堂教学紧密相关的信息化教学资源，无须浪费大量的时间在这些海量的数据中进行甄别，提高了学习效率来学习。教师应充分运用教学平台，布局相应的教学内容，让学生独立参与到。实践表明，日语混合式的教学非常好地落实和践行了"以学生为本"的教育思想。

（二）督促教师的教学活动

在教育信息化进入大数据时代的背景下，教师们也更应该积极地充分发挥其教学主导作用，加强对学生这一社会教育活动主体的意识引领。混合式的课堂教学也给全体教师的备课提出了一个新的更高教学要求，无论是在教学课程设计、教学活动组织等课程的教学总体计划，还是在教学课件设计、教学实践任务组织等课程的具体内容上，都必须要求全体教师投入更多的时间和精力。如果一些班主任和日语教师在一堂课程设计上总是缺少合理的课堂教学策略，那么在没有班主任和日语教师随时跟踪监控的课后教学环节中，就很难有效调动和充分激发学生的学习兴趣和学习的主动性。因此，在日语混合式教学中可以通过一定的方法督促教师选择适应不断变化发展的教育趋势，采取行之有效的教学管理手段，进而可以使教师的教学管理技术水平和综合能力素质得到极大提升。

（三）提高教学团队的水平

传统的网络日语教学主要包括教师具体实施的备课、授班、评估等环节，与此相比，混合式教学的网络日语课程更多地需要教学小组和团队之间的配合、分工来完成教学资源的配置、师师之间的交流、师生之间的互动等。由于教学平台上传的大量数据是面向全部年龄段学生的教育信息资源，其他各个年级的日语专业的学生也都可以借助这个平台来对自己的知识进行提前学习或巩固基础。混合式教学在实施的过程中，主讲老师间的合作和交流活动更加有利于学生高效地利用平台大量的数据来进行学习。由此看来，日语混合式的教学还亟待日语老师间共建和合作。通过定期举办线上线下的交流研究讨论会，彼此学习，扬长避短，提升教学队伍的整体素质和技术能力。

（四）利于实施过程性评价

日语混合式课堂教学评价在继承了传统的终结性评价理论的基础上，结合过程性评价和实践性评价，能对学习活动过程中的参与感、互动性、目标完成情况等各个方面进行评价，可以积极地开展教师评价、学生自评、学生互评，实现全方位的课堂教学评价。依靠师生间的相互配合、学校与教师间的共同合作而制定的多种功能整齐合一的课堂教学评估，有利于端正学生的思想和学习态度，激发广大学生的思想和学习热情，营造良好的课堂学习环境和氛围，提升广大学生的学习效率，促使广大学生的专业技术水平、学习方法、小组协作等综合素养得到提升。

在互联网和大数据的背景下，日语已经不再被认为是一门枯燥乏味的语言学科，在学习日语的整个过程中并不是单纯地对语法基础知识进行重复训练，而是要让学生能够充分感受到学习和掌握日语的快乐。混合式的教学可以促使教师之间建立起良好的课堂教学气氛，调动学生的主观能动性。时代在变化，技术也在进步，日语混合式教学的改革和完善还需要经历更多的教学和实践检验。

四、混合教学模式的特点

混合式网络教学模式的主要特点是学生可以作为网络教学课堂的参与者和主体。混合式教学模式是将我国传统的教学模式与现代网络教学模式的基本特点相互融合，学生在线下课堂和线上学习时都是作为课堂的主体。一方面，鼓励授课教师和在校学生在线下课堂中参加互动学习，积极与教师及时进行知识互动和信息交流，教师之间可以通过自我教育引导等多种互动方式，充分发挥授课老师和在校学生在线下课堂中的教学主体地位，从而促使他们能够更好地充分调动和培养教师与学生们在线下课堂的学习互动性和主动性。另一方面，开展线上学习模式时，教师可以通过直播的方式对学生进行教学，这种教学方式与传统课堂教学方式类似，学生可以在课堂中与教师进行直接互动。同时，线上学习模式如果采用的是播放视频的方式，一般会为学生提供交流与学习的平台，学生可以在平台中对学习内容进行提问，平台会有专门的教师对这些问题进行回答，也能够帮助学生解疑答惑。

通过上述对混合式日语课程听力教学模式的基本概念和其教学特点的具体论述，可以总结出其具有的教学优势：第一，突出不同学生在进行日语远程课堂教学过程中的活动主体性和主导地位，这也是学校实施学生素质教育的重要战略重点，让更多学生以课程亲历者的身份作为日语课堂教学的活动主体，把学生的被动参与学习，转化成学生的主动参与学习，进一步改善和提高不同学生对传统日语课程听力的课堂教学效果；第二，将多种课堂学习活动模式有机地结合，充分凸显不同传统日语课程教学模式的教育特色和教学优势，并且有效地规避不同传统日语课程教学模式的诸多弊端和一些缺点，同时还允许不同学生可以自由选择他们所喜欢的日语教学模式，开展对日语课程听力的综合学习，满足不同年龄阶段学生的不同学习要求；第三，混合式的课堂教学也给日语课程听力的课堂教学管理工作人员提供了一种全新的课堂教学发展思路，教师们不仅需要根据不同学生的实际情况来确定学生的基础学习能力、兴趣爱好等各个方面，为学生合理安排课堂教学和线上教学的课时，同时，学生也可以根据自身的能力，选择不同的方式进行日语听力学习，这两种方式的最终目的都是为了提高学生的日语听力水平。

五、教学系统建设的设计理念

学生需要直接学习的专业知识不仅仅是通过某个专业的大学教师对其进行知识传授得到的，也是通过在一定的社会环境下或特殊的社会经济文化背景下，借助于其他社会个体（主要是专业教师或者其他学习者）的各种帮助，利用必要的知识学习信息资源，通过一种有一定限度的对知识进行具体建构的学习形式而最终得到的。建构主义"以学为主"的基本教学课程设计原则为：强调以各种解决实际问题的方法为教学基础的思维方式模型来驱动课堂学习；培养学生的积极自主意识为学习中心，各种影响课堂教学的主要因素（其中至少包括了在课堂上的老师）作为一种宽泛而深入的协作学习氛围，来加以引导和推动学习者积极自主地参与学习；强调各种教学活动情境的整体创设，教学内容必须是在真正的教学情境中进行；强调各种协作学习活动的重要意义和教学重要性，并且强调良好的协作学习活动环境创设能有效地支持协作者的学习；强调可量化的各种总体性教学评价，反对利用那些过分追求精简的教学评价标准来进行教学评价。要求学校为广大学生教师提供一个可以有效确保自主学习生活的良好环境。要高度重视使学生自主学习的教育策略，以此来引领学习者充分挖掘其学习意义。

智慧学习环境对教师教学的影响主要体现在以下几个方面。

（1）教师角色改变，由讲授者变为引导者。传统的互动课堂教学学习活动主要是以课堂老师作为学习中心，教师之间可以通过当堂课程的互动讲授将所有课堂知识直接深入传达或者间接灌输传播出去以供其他学生学习使用，交互式的互动课堂很好地解决了目前传统课堂的一些弊端，以课堂老师和其他学生之间的交流作为学习中心，让越来越多的学生积极地融入到新的课堂中，激发了学生的学习自主性，增强了其课堂学习活动的效果。

（2）教师执行教学任务的效率更高。在智慧的课堂中，全部的学生都可以直接参与到课堂的体验及其反馈中，都可以融入到课堂的学习活动中，通过老师提出的问题，学生也可自主地进行测验，分析自己对知识点的掌握程度，切实地做到将知识点直接转化为个体的能力。

（3）学生角色由被动接受变成主动探索。传统的课堂教学管理方法是让广大学生扮演一个知识接受者的角色，被动地接受任课教师的教学讲解。现在的现代化教学课堂则注重培养广大学生的集体活动的主观参与感和社会实践活动的能力，使枯燥的日语知识通过活跃的课堂教学变得更加鲜活生动，启发广大学生主动地投入学习探索，调动了广大学生的探究兴趣和学习积极性。

（4）学生团队协作能力得到提升。在现代化的教育思想中，合作学习和掌握技术知识的指导与训练，是现代化教育的重要一环。技能是人们完成一定任务的某种方式，学习活动是由所需要的学习知识和技能组成的，每一种学习活动往往都会蕴藏一系列的具体知识和技能。如果我们不具备一定的知识和学习技巧，那么学习就会变得很困难，因此要提高"小组合作学习"的实施有效性，培养学生的合作学习知识和技能。在智慧课堂中，通过小组共同完成作业或者比赛等各种形式，既提升了学生的合作能力，又使成员小组共同进行了学习，也使学生能够互帮互助、相辅相成，从而提升了学生的整体知识水平和技能。

第五节　大数据时代与网络平台

一、大数据背景下日语课程教学策略的改进

（一）对教学资源去粗取精

日语老师在搜集和寻找互联网信息资源时，必须对其中的相关资料和信息内容进行去粗取精，这样教师才真正做到让广大学生牢固树立良好的语言和文化观，不断提高自己个人的语言修养，通过有效的方式和学习内容使学生更好地认识和理解日语，对学生的人生观以及核心价值观的培养与形成进行正确的引导。

（二）师生角色合理转变

目前各种新型的教学模式已经得到了普及，其中，最常见的是翻转式课堂和微课，在整个课堂教学过程中，学生们变成了教学的主体，老师们在课堂上主要扮演指导和辅助的角色。通过这种教学方法和模式，学生的自学能力变得越来越强，同时还会拥有自我探索和创新意识。因此，在现代化的日语课堂上，师生各自的角色需要在课堂上进行合理的转变。

（三）教学相长，改进教学模式

由于教师们在开始日语课堂教学前便已经把此节课需要学习的一些相关知识和内容上传到了网络，因此，学生们有充足的时间和精力来进行自学以及独立思考，通过翻转课堂以及微课等新型的学习手段，最终能够做到教学相长。

教师需要对当前大数据时代下的日语课程的教学学习及其改革的方向和趋势进行准确把握，对不合理的教学模式要进行调整和改进，以提升自己的课堂教学业务能力，不断补充和完善日语课堂的教学。

（四）摒弃形式主义

日语教育课程的具体教学内容和课程类型丰富和多样，除了一般的日本听说、语法、商业等日语课程之外，还应该开设一些日本概况、语言学和日本文学等课程。因此，在深入实施日语教育教学改革的整个过程中，一定要要将形式主义彻底摒弃，按照日语课程中的特征逐步进行引入和有序推进。举例来说，对于听力、语法以及一般日语概况等教学课程，我们可以再重新进行一次大规模的课程改革，全面实施诸如翻转式语言课堂和日语微课等全新的日语学习课程模式；对于与日语笔译、口译以及泛语言阅读等与现代日语学习有关的教学课程，教师可以进行长期反复的课题论证，摸索当前大数据时代下对日语教学课程技术的综合学习和应用研究以及其课程改革的发展思路。

（五）掌握学生学习动态

新型的教学模式需要我们在课堂上进行大规模的普及，首先是要求学生在课下对教师在课堂所布置的各种任务要做到积极主动地去完成，这也是教育的前提。然而在虚拟世界中有些学生并没有良好的自主学习能力，甚至还可能会投机取巧，对教师在课堂上分享的教学资源从未进行认真的学习，对于全新的教学内容无法做到提前准备和预习，或者直接抄袭其他学生的作业，还有的学生则是通过一些软件来快速完成作业。对此所有的教师必须引起高度重视，对学生日常学习的动态要进行准确的掌握，及时了解和发现学生日语学习活动中的各种消极情绪。平时要特别注意和学生之间的良好沟通，帮助学生端正不合理的学习态度，让学生在日语学习中高度重视与教师的交流，这也会让学生变得更加乐观和积极主动。

二、大数据背景下日语课程混合式教学优势

（一）大数据背景下混合式教学模式分析

混合式课堂教学的最大特点之一是它充分发挥了新型课堂教学模式在传统课堂教学方式中的应用价值，保障了课堂教学效果的全方位同步提升。在深入实施教育规范化学科教学的实践过程中，一定要高度重视对全体教师的学科教学理论指导、活动计划组织、教学评估、教学实践监督等，以凸显广大学生在学科教育和教学实践活动中的社会主体地位，充分调动广大学生主动参与学科

教育的活动积极性。在现代日语综合阅读教学课程中普遍采取混合式阅读教学模式，其主要特点之一是完全转变了我国传统的现代日语综合阅读教学课程和学生发展的模式，将原来的被动式、填鸭式、灌输式的综合教学模式重新改造成为主动参与学习、合作互动学习、探究式综合学习。在日语教学活动过程中充分发挥了各类日语教学应用软件以及先进信息技术的实际应用教学价值，通过充分利用现代多媒体信息技术、互联网信息技术等多种手段，基于数字视频、图像、音频等多种方式创设了各种多元化的日语教学活动情景，整合出了更多的教育大数据和各种网络日语教学信息，使日语阅读教学课程和日语教学活动过程变得更加轻松且富有实际感染力。

（二）日语课程混合式教学优势

在大数据背景下，运用混合式的教学模式，显示出了巨大的优越性。首先是在教学的过程中各种阅读教学资源和活动素材不再受限于课件，通过网络和信息技术可以搜集到海量的日语阅读和学习资源。此外，在阅读教学的过程中，可以将我国传统的课堂教学模式与现代化的线上课堂教学模式进行有效融合，发挥各类信息技术和教学手段的应用价值，从而为学生营造一个立体化的课堂阅读教学氛围，让大家在阅读课程的学习中了解和掌握更多的日语基本知识，强化对日本民族文化的理解。再加上不同的新型教育科学技术和教育平台，促使教学活动和管理工作变得更加规范、顺利，学生们能够高效地完成学习任务。学生还可以结合自己的学习需求和学习特点，开展一系列形式多元的自主学习和探究性活动。教师可以通过教学平台和信息服务平台来掌握学生的下载次数、信息传输次数、教学平台注册登录期限等阅读数据，客观地评估学生的学习状态和情况，使学生的日语自主学习能力、协商学习能力、沟通和表达能力得到全面的提升，以实现日语阅读教学课程的混合式教学。

首先，日语课程的教学资源并非仅仅是单一的教材而已，老师也可以通过移动端和电脑等互联网资源给学生带来更多、更丰富的日语学习内容。其次，日语阅读这门课程的教学也要更加立体。在开展阅读教学的过程中，教师要尽量把传统的课堂教学和线上的教学有机融合在一起，使学生按教师制定的方案科学地完成相应的学习任务，学生还可以结合个人特点来定制学习方案。另外，教师还可以通过结合学生所下载的资料、发表文章的数量、登录时间与次数来对学生做出客观的评价。最后，培养和提升学生的自主性与学习能力、协同学习能力和交际表达能力，这也正是构建日语阅读教学混合型课堂教学模式要达到的最主要目标。

三、在大数据背景下日语混合教学的应用分析

传统课堂教学应与新型移动终端教学进行有机结合。学生在他们日常的学习与生活中能够与互联网和各种智能化的移动终端相互接触，大多数的学生都具有一定的接受新兴事物的能力，且能够很好地结合自己的生活和学习需要来灵活地应用各种新兴的应用软件。新形势下，日语阅读教育课程的教学要全面顺应当前经济社会发展的变化趋势，各类教育活动要与学生息息相关，原有教学模式和教学观念也要进行创新，从而使其教学质量可以得到有效提升。在信息化大数据背景下，在教学中可以通过各种智能化的终端器材来拓宽教学领域，教学活动的开展也不再受教学时间与场所的限制，真正实现了动态化、移动式的教学。

（一）课前设计

在开展日语阅读这门课程的教学之前一定要尽量选择形式多元的阅读素材，阅读素材的难易程度一定要合理地搭配，要能够很好地满足学生的学习需求，各类阅读素材都要具备良好的教育价值，与学生的学习心态有效地适应。在阅读教学准备阶段，要针对性地精选各种阅读教学内容，结合不同的教学内容来设定不同的教学方案，梳理出一些关于阅读教学的重点知识，要对各种文化背景不一样的知识点进行有效的串联。要对阅读教学中的一些重难点和关键环节进行分析，从而选择最佳的阅读教学管理措施。在整合全部教学内容的基础上，设置预习。然后通过 QQ 群、微信群等方式把阅读课堂教学的预习内容传递给学生，学生在课前要能够准确地掌握自己所学知识及其重要的文化背景，从而可以有效地调动和激发他们的学习积极性。

（二）智能移动终端辅助传统教学

在混合式日语阅读教育课程中，可以充分挖掘各种移动终端器件的应用价值，在教育活动正式开展前要先对新课进行导入，课前的导入质量会对后期的教育活动质量产生较大的影响。通过课前辅导，强化学生对于各类阅读素材以及所要掌握的知识点的重视程度，以调动学生自主参与学习的积极性。课前按照学生的学习反映情况，布置不同的学习任务，让每位学生都进行一次自主探究或合作交流讨论。之后在具体的教学中全面改革传统的灌输式教学模型，通过利用多媒体技术为学生创设教育情景，并在教学中与线上课堂教学进行有效的互补。在日语阅读课程内容的选择上，应搜集学生们感兴趣的内容，以激起他们学习的积极性。引导学生认真阅读各种材料，再由学生挑选与阅读材料密切相关的视频、图像、音乐等，并在多媒体课件和设备中实时地进行演示和

播放。结合小组学生的实际学习现状，教师还应该通过开展一种规范化的线下教学模式，依照学生小组的基本学习现状，对小组学生分别进行学习指导，并布置各个小组的学习任务，让每一位小组成员都能够通过思考、交流实现教学目标。

（三）课后延伸与学习评价

日语课堂的教学工作时间有限，再加上这门阅读课的教学工作任务多且烦琐，所以可以通过借助各种移动终端设施来进行教育延伸，扩大教学领域。在教学活动结束后，教师需要积极地引导学生对自己所学的知识点和内容进行综合复习，比如在微信推送"日语阅读""日语文章阅读"这样的微信公众号，让更多的学生一直坚持阅读。我国传统的日语教学评价中主要是通过对教师的评价来完成考核，且单方面地对学生基础知识的掌握和实际运用能力进行考察，难以保证学生的学习质量。现在，教师们还可以利用信息化的社交网络软件和手机平台与学生们进行互动和沟通，整合学生的聊天笔录、流程性文件等，通过手机和移动终端设备及时地获取他们在校学习的现状。与我国传统的考试评估测验模式相比，此类评估方式既能够对学生的学习状况进行实时动态化的监控，又能够强化学生之间的互动。

（四）线下课堂教学阶段

在混合式课堂教学中，课后问题反馈是一个很重要的教学环节，其能有效地直接帮助广大学生正确理解梳理知识点。首先，课堂教学主题活动在学期结束之后，教师可以通过云班教学课程开放平台公开发布课后教学实践题和练习题，对于顺利完成课后教学任务和学习效率不高的学生也给予相应的奖励。例如，在课后的练习中，要求每个年级的学生都能够围绕自己需要阅读的一篇文章，书写 400 字左右的学习感想。其次，借助于网络教学软件教师可以及时地收集学生的多项课前学习信息资料，掌握学生的课前学习情况、课上的学习现状、课后复习的完成率等情况。

四、新一轮大数据时代下我国高校互联网信息化课程教学模式的实施意义

网络信息化的教学是一种全新的网络教育方式和形态，是一种借助于互联网技术来推广和应用的一种教学形式，比如借助于移动终端来构建一个学习平台，让学生可以通过移动终端直接进入这个平台来对知识点进行掌握。从数字化教学的角度来看，他们已经超越了传统的纸面学习，并且具备了教学的个性

化、资源的全球化、课件的多媒体化、学习的自主化等特点。与其他传统教学方法相比，网络信息化课堂的教学优势主要集中于课堂的开放度、教学过程更加科学、课堂环境更加有利等方面。

（一）内容创新

借助移动互联网技术可以对各种新型教育教学知识点和教学方法等教学内容进行信息搜集，能够有效促进教学研究工作的全面性发展，对一些传统陈旧式的教学内容也可以进行很大改善。同时，网络信息化课堂的基础原则是始终坚持"以学生为本"，将网络课堂中学校教师的重要引导作用和广大学生在学校经济社会生活中的重要主体地位紧密融合起来，以充分调动广大学生积极主动地参与学习。不仅可以让各个热门学科专业紧密联系在一起，还可以借助移动互联网技术收集新颖多样的专业教学内容，改善专业课程中一些陈旧不堪的教学内容。

（二）方法提升

传统的教学往往都是选择灌输型的教学模式，方法比较单一，课堂氛围沉闷，学生的自主性和学习积极性比较低。通过对网络信息化教学模型的运用，借助互联网可以开展各种形式的教学，例如采取微课、翻转班级等教学方式，既能给课堂增添更多的趣味，又能使学生积极主动地参与到教学过程中。

五、大数据时代高校网络信息化教学模式的运用策略

（一）营造良好的网络教学环境

大数据时代的高职专科院校若想更好地开展大数据网络信息化的教学，就应该切实做好大数据时代网络教学环境的整体营造，对大数据时代的教学软硬件设备进行一些升级与改造，比如针对路由器、服务器、摄像机等设备进行一些优化和更新。同时，还要通过构建一个网络空间资源的数据库来扩充教学资源，并对这个数据库中的资料和信息进行定期更新，使其不但包含一些理论上的知识，而且还包含一些视频、图片或者影像。

（二）构建网络教学管理平台

院校必须为学生搭建一个网络教学管理平台，比如为学生构建相关的学习网站，并为他们设定相应的窗口，如课程管理窗口、学习和沟通窗口，要确保它们具有信息资源分享、时间不限、多方互动等功能，使教师、学生、管理者和会计人员等不同的用户都可以使用不同的身份密码进行注册，获取个性化的服务。教师们也可以使用自己的个人空间来进行备课、研究和开发教学软件

等。学生们可以注册登录后进行网上学习，提交作业，提问等。各个用户之间可以通过语音、视频等方式实现交流。

（三）创新网络教学方式

由于当前已经是信息化的时代，学生们在其日常生活中往往都会直接接受大量的来自不同方面的信息，对学校或者老师所传递给他们的教学资料往往会产生一定的厌倦，这就要求教师必须要对传统网络课堂教学模式进行革命性的创新。比如在进行视频课堂教学的过程中，教师们可以给学生引入一些有趣的实践案例或是加入一些简单的小型活动，从而使学生们能够更好地参与到课堂教学中。另外，教师还可以利用互联网及时与其他学生交流、谈心，深入地了解和掌握学生的实际需求，并为其制定相应的促进教学的策略，从而使课堂取得较好的教学成效。

第三章　慕课平台与日语教学

第一节　慕课平台的兴起背景

慕课平台面向未来及大学生这个群体的素质建设。慕课式的教学特点与我国现代高等教育的特点有着极多的相似之处，两者在推进我国现代高等教育制度建设过程中相互关联、彼此辅助，从而推动了我国现代高等教育制度的快速发展和转型。

一、慕课的起源与发展

慕课的兴起历史可能要追溯至 2010 年，发展至今，它汇集了一批来自当今世界上近百所顶尖艺术高等院校的优秀精品课程。2011 年 8 月，美国斯坦福大学（Stanford University）自主开发了一种在网上进行在线资源学习的管理系统，当时由于学习受到大学专业知识技术水平的严重限制，这款新型网络在线学习资源应用管理软件只能广泛应用于基础数学和其他电脑编程基础知识的在线学习，精品大学网络教育课程的学习资源极为有限，功能较单一，覆盖面相对较少。2012 年 4 月 1 日哥伦比亚大学和美国普林斯顿大学正式联合推出大学在线海外学习信息服务平台，以美国国内一流大学课程为主要内容，并长期进行众多精品课程的在线资源整合开发，以供来自美国的海外学习者在线学习。2012 年 5 月，哈佛大学和麻省理工学院共同开发了一种基于在线远程学习的教育平台，之后又陆续有来自全球数百个知名高等院校纷纷受邀加入其中，慕课在全球迅速地发展普及。

二、传统教学模式与慕课的对比

目前，伴随着慕课的诞生，我国的高等教育也掀起了一阵新的教学和体制改革潮流。而维基百科对慕课有着明确的定义：指一种大型开放式的网络在线教学课程，可以通过实时针对广泛的大众消费者人群来实现网络化教学，人们也可以在日常生活中随时通过网络渠道进行在线学习，其可以说是教育事业发展的最新趋势，主要是通过开放式教育资源的形式发展起来的。

而现阶段，在线教育对于现代人来说并不陌生，在慕课出现前，我国已经有部分高校曾多次尝试过与其相类似的教育形式，只是未能取得良好的教学效果。而随着慕课的诞生，人们完全打破了实践和时间的局限，在任何的时间、地点都能够通过不同的学习设备来进行有效的网络学习，人们还可以在网上学习世界顶尖专科院校的高等教育课程，如哈佛大学、耶鲁大学的课程等。可以说，慕课的出现，不仅转变了传统的教学方式，更是变革了传统人才培养模式。

在传统教学模式下，教师主要在固定的时间和地点开展教学活动，而慕课却不受时间和空间的限制，从而极大地降低了高等学校的教学成本。在传统的教学模式下，老师往往会选择灌输式的课堂教学形式，学生只能被动地进行学习，教师所讲解的教学内容和对教学进度的控制，忽视了学生之间能力和水平的差异，不利于学生的个性化发展。而慕课不同，学生们可以进行自主性的选择。无论是观看体育视频还是做一些音乐练习都完全可以由学生自主选择并进行控制，从而可以使得学校教师人员能够更好地对每个学生的社会主体性进行引导，提高每个学生的自主参与和开展学习活动能力，使学生有良好的学习体验，能够充分参与到学习活动当中，根据自身的实际情况全面掌握知识内容。而慕课的主要特点和优势在于其能够大规模开展在线教学，通过运用信息技术和网络技术为各种群体提供大量的优质教学资源，而且用户在使用时是不需要支付费用的。通过将慕课与高等教育进行有效结合能够更好地促进高等教育向着国际化和规范化的方向发展，而且能够更好地体现教育公平原则。当然，慕课也存在一些不足，主要是由于学生的人数过多，师生之间的互动和交流也会受到一定的限制，因此该模式更加适用于那些具有较强自主能力的学生群体。

三、基于慕课的日语教学现状

截至目前，很多高校都把慕课教育模式作为学生进行外语课堂课程学习的主要教育途径，把慕课课程教育模式作为教师进行外语课堂课程教学的主要手段。根据 2016 年美国慕课研究学院的一份权威研究报告数据可知，在数以千计的高校精品本科课程教学资源中，使用国际日语作为其主要教学语言的精品专业课程只有 27 门，不足精品课程总资源规模的 1/10。这表明，以大学日语课程为主要教学内容和教育媒介的课程在我国大学生日语慕课教学中仍然有着巨大的应用市场和产业发展空间，因此构建一种更为完善、科学的大学生日语慕课教学管理方法和教育模式，成为当务之急。

四、基于慕课的日语会话教学模式构建的创新思路

在移动端和互联网的情景中，虽然慕课有很多传统的教学模式所没有的特点和优势，慕课的广泛应用也会给高校传统的日语会话教学模式产生影响，但是慕课作为一种依靠信息媒介和技术手段而发展形成的远程网络教育机制，在语言的交互运用、对话的情境塑造等方面仍然存在着一定的问题和局限性，不能彻底替换传统日语会话教学。为了彻底改变这一现状，有必要将慕课与传统的课堂会话教学紧密地结合在一起，各取所长，在充分发挥传统课堂教学模式的情境性、诱导性的基础上，利用慕课软件整合线上的教学资源，为广大学生营造积极、活跃的课堂情景，建立一个比较完善的课堂教学体系。

五、以慕课为主题的日语会话课程的教学模型构建路线

（一）运用创新性的工具，完善课堂的组织框架

众所周知，日语的会话课程最大的特点就是以语言实践活动为主，是学生与教师之间、老师与其他学生之间进行对话和交流的一种互动性实践，课程主要是按照对话或者角色扮演等方或来组织和完成的，有着明显的动态性特征。所以，创新性教学工具的运用首先要突破群体性的教学思想，即教师要把慕课作为基础的课堂教学媒体，以声乐和视频等多种方式给学生传播知识和信息，进而拓展学生的认知范围。

（二）设定课堂教学目标，凸显学生的主体地位

日语会话教学是学生与教师之间进行互动、交流的过程，教师引导学生充分地汲取课堂知识，并且其设定的教学目标应该具有"双向性"的特点，教学目标既应该是教授课程的目标，也应该表现教学情景的目标，目标设定应该尽可能地细化，尽可能地保持教学目标的具体引领性，增强教学课堂的总结性。为了使课堂教学工作获得良好的教育效果，老师需要更加注重培养学生的主观能动性。一方面，老师应该充分运用慕课网络技术，在班级教学活动开始之前

认真搜集日语会话的素材，设定课堂教学的主题，使学生能够围绕这些教学主题展开互动和探讨。另一方面，老师需要根据每位学生的专业特点，利用网上慕课系统与其他同学进行对话、交流，让同学们充分运用网络及时地反馈自己的学习效果，以便于教师及时地作出评价。

（三）创建慕课教学情景，塑造良好教学氛围

日语会话课程的教学能够获得较佳效果的根本因素之一就是其教学情景的构造。优质的课堂教学情景、良好的课堂气氛可以使学生放松精神，树立良好的心态。这也就直接决定了在教学的过程中，老师们需要掌握和学会运用慕课的系统去选择一些和日语知识密切相关的话题或者故事，并且把它们作为一个开场白，运用具体事例引导学生。

综上所述，基于慕课的日语会话课程的教学模式建立需要对其进行明确的教学定位，了解慕课的教学特征及其功能优劣。然后结合学校学生日语会话学习的特色将传统和现代化形态的日语会话课程教学和慕课教学有机地融合，找到一种创新的思路，通过选择教学目标、课堂场景、利用各种创新手段和工具等多种方法，健全课堂的组织和体系，活跃课堂气氛，促进学生从日语会话的实践活动中形成较强的语言运用能力。

第二节　慕课平台的介入应用

一、慕课日语教学资源存在的问题

（一）慕课教育资源不系统

由于慕课日语教学的资源不系统，还没有形成一套比较健全的慕课日语教育专业课程结构，相关基础性的工作仍然处于不断完善中。首先，当前已经成功地建立了慕课平台的都是国内和国际一流大学，现有的慕课资源远远不能满足我们所要实施的广度化教学。其次，在现有的慕课教育教学体系中，更多的是针对本科和特殊专业的学生，起点水平相对较高，大多数都是采用收费教学的形式，免费的课堂教学资源相对较少。最后，国内一些日语教育品牌也都开发了自己的日语教学资源系统，但是这些学校能够提供的日语课程和教学资源相对有限，可供学生进行有效训练的课程更是少之又少，很难完全满足学生对日语学习的要求。

（二）对传统教学的重大影响

慕课日语教学虽然并未完全系统地开展，但是慕课研究和开发的整个过程，会对传统的日语课程体系产生重要的影响。慕课平台已经给学生们提供了多种可供自己选择的日语学习途径和渠道，传统的日语专业化与综合性日语教学培训机构也迎来了越来越多的挑战，学生们在新时代信息技术的支持和帮助下，可以完全绕开传统的日语课堂和教学方式，用更丰富的内容和形式去掌握和学习日语。这给传统的教学模式带来了重要影响。

二、开发慕课日语教学的基本原则

（一）使用混合式教学原则

充分地利用慕课教学资源开展教学能够充分调动学生学习的积极性。慕课教学更重要的任务是充分发挥线上日语课堂的教学功能，发挥线上日语教育者对在校学生的影响力以及对学生的指导作用，全面有效地提高线上日语教学课程的教学效率。

（二）音频与视频教学相结合

慕课给学生们提供了一个更加真实的日语课堂情景，使得学生们通过声、光、电等技术更好地掌握外语基础知识。慕课的教学应该从日语教学的规律性入手，注重体现和发挥其对锻炼学生的日语交流技巧的重大作用。因此，在为广大学生提供丰富的日语教学内容和资源的基础上，还应当用慕课培养广大学生的日本语言表达能力，从而给广大学生创设一个更加优越的视听学习情景。

三、开发慕课日语教学的主要策略

（一）完善日语慕课教学形式

首先，短时间内至少进行一次慕教的具体教学活动，尽量不要使用模块化的慕课教学安排，才能够真正达到慕课教学学习目标。可以按照课程教学阶段难度的不同，完善符合我国现有的日语课程教学水平的现代日语教学课程。其次，努力建立符合大学日语专业和日语实践要求的日语培训教学交流体系，同时建立起一个必要的日语慕教授课教学交流和培训互动教学平台，充分发挥日语慕教授课培训交流和日语培养培训日语交流教学的作用，全面有效地提高日语慕教授课质量和教学效率。

（二）充分利用有效的教学形式

慕课的学习模式更多地强调了根据学生的学习情况和需求，进行 24 小时长时间教学，重点是要把每一个知识点都说得很透彻，这样更加有利于引导学生们充分地运用慕课的方法来进行理解和学习。慕课平台应当因材施教，针对学生的不同年龄段和综合素质水平，提供不同的教学内容，以提高慕课课程的针对性，全面提升慕课平台的教学效果。

四、基于慕课的日语会话教学模式的创新思路

将慕课与传统的课堂会话教学紧密地结合在一起，各取所长，在充分发挥传统的课堂教学模式优势的基础上，利用慕课整合线上的教学资源能为广大学生营造积极、活跃的课堂情景，借以创设和构建一个更加完善的课堂教学体系。

在沿用了传统会话课程教学模式的基础上，以慕课为主要工具的教学模式进行调整本质上也是一种关于日语课程教学模式的改革创新。在慕课和传统教学有机地融合相互协调的基础上，要更加注重对教学任务的分配，根据学生日语会话能力科学、合理地布置教学任务。

第三节　慕课平台的优势与必要性

目前我国已经有 660 所高校开设了日语相关学科和专业。据国际日本大学国际交流研究基金 2013 年 7 月份发布的一项研究成果报告显示，中国约拥有 105 万名优秀日语能力者，居全球第一。目前的大学慕课教育平台或其他微课教程资源开放网站中，理工科和数学类专业相关的日语课程比较多，大学日语语言教育专业相关的大学慕课教程课件资源数量几乎为零，具备很大的行业应用发展前景。现在，在线日语学习培训平台也出现了不少，以各类日语培训班微课为主要代表，入门级网上日语在线学习及相关课程微课也已经吸引了许多年轻人的广泛注意。因此，慕课日语平台上可以推出更具特色的专业性强的通用日语、商务通用日语、笔试意译口译和翻译阅读等日语课程及其他具有特色的专业日语学习相关培训课程，提高其竞争力。

一、慕课推广的意义

慕课的主要内容是由若干个微媒体课程共同构成的，即在 10 分钟甚至更短的学习时间里，以数字录像带和数字视频等多种形式，对一个课程内的某个主要知识点、难点进行详细讲解。近年来在各大中等职业院校和本科教育领域

中掀起了一股"慕课"的教学发展改革浪潮。

在移动互联网的时代背景下，慕课的研究和推广以及实际运行已势不可当。教师讲解、学生填鸭式接受的这种传统教学模式已经没有办法满足每个学生的求知欲。若将"慕课"这种较为新型的教学模式逐步引入课堂，在我们微课的整体设计和制作中加入恰当的课外常识，如新闻节目、娱乐节目等短小视频，以此穿插到传统课堂中，既可以充分吸引到学生的注意，又能提高学生自主参与课堂的积极性和学习主动性，并且还能够从多方位、不同角度针对现实生活中各种跨文化互动的案例和问题进行真实的分析，培养学生的整体综合素质。所以，在实践教学和生活中，慕课的研究和推广是很有必要的。

慕课（慕课，massive open online courses）是指大型开放式网络课程。这里的课程规模与公开度都充分体现出了互联网平台下的信息传播规模和覆盖面比较广，网上的课程和教学资源也具备了一定的开放性。这种网络化的教学模式可以作为传统课堂模式的有效补充，充分运用网络来实现在线教育，使其受众面得到广泛拓宽，并借助慕课和在线语言教育课程的学习，使学生随时进行各种语言的学习，以提升他们的文化素养和学习效率。慕课这一开放式的课程平台在我国大学生中的广泛运用，能够有效地弥补高校日语职业技术院校日语教师人才数量短缺的现状，整合国内外优质日语教学资源，缓解高校日语职业技术院校人才数量短缺的问题。日语慕课希望用更多优质的日语课程和教学资源来惠及更多日语专业的学生，促进日语人才的高效率培养。慕课拥有较为丰富的日语课程资源，很多慕课教师是国内外一批具有丰富实践和教学经验的专家学者，从而保证了慕课的教学质量，为广大学生营造了有效的日语语言学习氛围，这样可以让学生在校期间开展更加全面且有效的日语语言学习，推动日语语言能力不断得到提升。

二、慕课在高校日语课程改革中的应用现状分析

针对高校慕课课程教学模式在我国高等院校日语课程改革中的广泛应用，有一些专家和学者对其进行了深入的研究，集中表现在以下几点：

1.教师对慕课资源重视不足，缺乏课程实践主动性

慕课教学模式是近几年才出现的一种新型课程教学模式，是随着移动互联网和现代化信息技术的发展而逐渐建立起来的一种新型课程教学模式，虽然这种新型的课程教学模式能在课程的教学中起到积极的作用，但是在实际应用过程中还是会遇到一些问题。相关高等院校的日语老师对当前日语课堂教学已经

逐渐形成一种固定的教学模式，而对这种新的课堂教学模式缺乏经验和正确的认识，因此，日语老师普遍对这种创新的教学模式并不是非常十分重视，在具体的日语课程建设和改革中，虽然大力提倡课程教学方式的创新，但是也没有将其课程的创新工作作为教师质量考核的指标。因此，很多高校的日语老师对这种课程模式的理论与实践尝试的工作积极性较低，缺乏改革的积极性，对慕课的认识和应用不到位，对慕课的教学手段掌握能力欠缺，缺少经验的指导，从而导致在高校日语课程资源的开发中，运用慕课授课的模式并不是很乐观。

2. 优质慕课资源相对缺乏，资源共享渠道不完善

中国高校的外语慕课服务平台上虽然有较为丰富的课程内容和资源，且现阶段还能够实现完全免费，但其中大部分都是与英语专业密切相关的课程，而与日语专业密切相关的课程内容和资源则相对较少。即便日语专业的教师们已经有心地开展了日语慕课的教学，但目前日语慕课教学课程的资源有限，日语专业的名师慕课课程数量比较少，可以提供给学生自由选择的课程范围比较小，从而导致了日语专业的教学和改革工作的开展十分艰难。此外，虽然也有部分职业院校已经建立了相当大规模的日语课程资源库，但是由于其对外仍然是完全封闭或者设有一定的付费标准，使得资源共享的渠道相对狭窄，不利于资源的共享。因此，日语慕课资源的艰难开发，制约了日语慕课教学的进步。

3. 忽视学生的主体地位，慕课教学互动把握不到位

慕课是一种具有开放性的大型网络线上教育活动，课程的学习者来自全球范围内的各个城市，这就给我们的课程资源提供了数量庞大的受众。在这样的线上课程的教学模式中，主讲老师对其教学质量的影响相当大，他们自身的教学能力和本人的专业素养对日语课程会产生较大的影响。于是，在这样的情况下，许多慕课资源平台把更多的精力和重心投入到师资队伍的培养上，而忽略了学生的社会主体地位。由于学生在进入慕课课程的过程中，很少有机会与名师进行互动和交流，学生的数量较多，教师不太有可能一一解答学生的困难和疑惑，可见，在设计和构建慕课课程的知识问题反馈和信息沟通互动的模块时，还存在着一定的欠缺。在高校的日语课程教学中，老师所采用的课堂教学模式仍然比较传统，教学形式单一，缺乏信息化的授课内容，且在大学生慕课的教学过程和实践中，教师缺乏有效的管理经验和知识的专业性，导致大学生慕课的资源选取不合理，慕课的教学适宜度不足。学生无法及时掌握疑问，缺乏必要的课堂活动，学习的积极性减弱，主动性不高等问题严重影响了我国高校日语教育课程改革的成效。

4.教师缺乏有效的指导，慕课资源的实践能力不足

在高等院校日语慕课教学的发展过程中，日语老师的慕课教学技术和能力将对其慕课的教学效果产生较大的影响。目前，高校在积极开展日语慕课的研究与教学中，很多日语老师都反映自己对慕课教学还缺少一些实践性的运用，在具体教学，很难真正做到准确有效。同时，由于缺乏系统的实践性指导与经验性的支撑，许多教师都盲目进行了慕课的实践性尝试，慕课的教学效果也并不是非常理想。这主要是由于教师的综合慕课教学技术水平和素质不高，学校未能有针对性地组织和开展行之有效的慕课教学技术实践训练工作，自然也就很难达到提升培养人才的实践效果。

三、在慕课时代背景下促进我国高等学校日语教育课程的国际化和改革建议

1.提升慕课教学认识，激发慕课课程开发的热情

当前，席卷整个世界教育领域的"数字海啸""慕课（慕课）"，成为许多高校必须要去认真探索和研究的新鲜事物。为了帮助广大日语教师更好地深入学习我国慕课的相关知识和发展趋势，需要积极地进行高校日语课程的教学改革，学校需要高度重视我国慕课教学模式的引进和推广，提高我国日语教师对我国慕课教学的正确认识和重视，激发广大日语教师深度学习我国慕课教学模式的积极性，提高应用慕课开展教学实践工作的热情。同时，也要进一步增强了高校日语老师们对传统的教育、学习手段进行改革的热情，加深日语老师对如何运用慕课、微信来进行翻转课堂教学的了解和认识，鼓励日语老师积极地进行网络化课堂教学改革的探索和尝试。

2.完善日语慕课资源建设，实现优质教学资源共享

高校也需要与其他高等院校共同努力建立良好的日语教学技术合作交流体系，相互取长补短，结合目前国内普通高等院校大学生学习日语的实际情况，需要整合国内外优质的大学日语教育课程培训教学资源，构建一个有丰富中国文化教育特色的日语教育体系。大学日语教育慕课教学资源，为深入推动中国高等院校日语培训课程的教学改革和教育创新，推动一批中国高素质的高等日语教育专业教学技术人才的培养工作奠定了坚实的基础。当前，高校想要大力推进慕课和日语教育的国际化改革，强化对慕课的教学和研究创新性运用，就必须始终保持正确的教育办学理念和方向，以培养人才为目标和核心，以立德修身为根本；要特别注重统筹资源，开展高等院校日语精品网络开放平台和

课程的评审认定等工作；切实贯彻教育部门的指导，掀起线下课堂革命，促进线上和线下的教学相结合。借力慕课日语课程，丰富高等日语大学课程教育资源，深化高等日语教育体系改革，深入推进高等日语课程慕课资源配置体系建设与日语智慧创新课程培育教学体系发展。高校将"慕课""微课"等学科热点实践教学课程发展创新模式研究作为其学科重点实践课程的研究主题，积极摸索慕课和本学科专业课程相互交叉融合的有效创新模式，为未来继续探索更多慕课和大学日语相结合的教学创新打下了坚实基础。只有积极地整合高等院校日语慕课的资源，注重课程资源的开发与教学分享，才能为日语慕课的改革创造良好的环境，促进日语课堂的教学质量不断得到提升。

3. 以学生为中心，把握慕课在日语课程中的实际应用

教育公平的发展、大学生所需要的知识和活动方式的转变以及高校在教育、人才培养领域之间的相互竞争等，都在某种程度上推动了慕课的发展。慕课课程作为一种崭新的课程体系模式，有明显的实践性和应用价值，是一门有一定开发价值的课程。借助慕课的线上优势，能够给予大学生充分选择本专业课程的权限。利用慕课来开展混合式日语学习的最大优势就是教师可以严格贯彻教育部门以学生为核心的教育思想，以充分调动学生的学习动机为基本原则对其进行教学设计。在新的历史时期中，我国正在开展普通高校日语课程的教学改革，必须做到的就是要充分借助先进的教学技术，拓宽日语教学的渠道，整合国内外优秀日语教学的资源，不断创新校内、校际课程的共享与实践应用的模式，这样不仅使得学生能够大大提高日语综合能力和素质，促进普通高校日语教育水平的提升，同时还可以提升学生就业率。当前，高校的在职日语教育教师仍然需要进一步明确自己的日语课程管理体制制度改革的战略目标，正确合理地选择自己的日语课程资源以达到更好的教学效果。在慕课教学背景下，高校的日语老师们应根据自己学生的特点和具体情况合理地制定自己的教学任务，以引领和组织教学为主，分阶段地培养和调动学生的各种知识和能力，增强学生自主参与学习的积极性，利用慕课资源来培养学生对知识的兴趣。这能大幅度地提高高校日语专业教师的业务水平，促进高等院校日语专业和学科课程的国际化和教学技术改革与现代化教育科学信息系统的深度整合，对于推进我国高等院校日语专业和学科课程的教学创新十分重要。

4. 加强慕课技术开发培训，提升利用慕课资源的能力

在高等院校的日语课程教学中，慕课课程被认为是一个新事物、新形势。学校的教育已经转型成"互联网＋教育"，互联网教育的资源和信息化手段正

逐渐对课堂教育进行深度渗透。伴随着现代信息技术的发展和普及，慕课等各种教学组织形式因教学内容形式新颖而备受高校的重视。要想进一步提升广大高校的日语教师利用慕课资源的水平和能力，就必须根据需求组织他们积极开展对慕课的技术开发和培训工作，就"互联网+"时代背景下的高校日语专业课程的设计和慕课教学制作情况进行培训，以及 Powerpoint 和 Camtasia 等软件的运用和操作学习，使高校的日语老师掌握慕课的相关知识，为探索一套教学改革方案奠定良好的基础。通过对课程资源的开发和技能培训，进一步提高了参训的高校日语教师的教学信息化专业技能，有利于推动高校日语专业课程改革和信息化进程，促进高校日语专业课程的建设和国际接轨。

慕课课程模式被广泛运用于高校日语课程，能够有效地促进大学日语课程资源的整合开发与利用，整合优质日语教学资源，改变传统日语教学模式，促进日语教学质量不断提高，其对促进日语教育技术人才的高质量输出也有重要的意义。高校需要积极地创造条件，引导日语专业教师充分利用慕课资源的特点，构建一个属于日语专业大学生的慕课资源库。重视慕课教学模式的应用，加强慕课教学技术与能力的培养，提高教师的慕课技术与素养，保证慕课教学模式在日语教学中起到积极的推动作用。

四、将慕课引入专业日语课堂

慕课时代的来临，促进了传统专业化的日语教学方法的改革和创新。本科日语教学改革的宗旨不是为了顺应这一形势而积极参与慕课，而是利用这个契机改进教学方法，从而有效地提升教学质量。教学模式的改进不只是在教学活动或教学方法等手段上进行了改进，更多的是对教学观点和方法的改进，是要求我们实现由以"教师为主导"，单纯地把教授日语知识和基本技能的教学模式，向以"学生为主体"，更加关心和注重如何培养学生在日语环境中的交际能力、应用技术能力和独立学习能力等教学模式的转变。

许多专家学者都认为，慕课不是万能的，与传统课堂教学研究相结合的混合式课堂教学模式才是未来几年我国高等教育的发展趋势。慕课与其他日语课程的有机地融合和统一，有利于我们培养那些处在学习初级阶段的日语学习者的课堂兴趣，同时，可以使教师更有效地引导学生快速地深入了解和掌握一套更加适合自己的日语课堂学习技巧。充分借鉴慕课这种新型的日语教学模式和授课管理模式，在实际日语教学中，老师们可以根据日语教材为每个学生录制3—5分钟的日语视频短片，把所有的重难点以各种提示和问题的互动形式向全体学生一一提出，从而调动学生的积极性。在日语课堂上，教师只需要负责对共性口语问题进行分析解答，把更多的时间投入知识分享的过程中，来增强和改善学生的应用口语表达意识及应用口语技巧。同时，慕课特别适用于日语知识点内容进行视频讲解，如日语的简单词汇、语法的具体使用区别，文化背景介绍，不同文化语言对比词的介绍等。短小精悍的日语视频课程内容可以将其当中原本复杂、抽象的日语知识点进行细化讲解，更加形象生动地展示给广大学生，从而极大地激发学生们对日语的学习兴趣。

在"慕课"日语教学教育风潮的不断推动下，笔者正在积极思考如何将我国传统的日语课程教学与各种现代高新技术日语教学管理手段有机地结合统一，创建一个专门为现代日语学习者提供自由选择的多功能、自主日语学习教育资源平台。该平台应整合大量丰富优秀日语教学资源，其中主要包含日语课程学习教材、听说阅读教材、电影、歌曲、新闻、广播、小说、散文、演讲和课外知识拓展等各种现代日语自主学习资源素材，通过这个平台使学习者们可以轻松地对现代日语进行学习，以满足各个年龄层次的现代日语学习者的不同需求。

虽然慕课比传统的授课方式优势明显，但慕课也只是我们一个随时可以充分利用的学习工具。慕课并非是万能的，这种新型慕课教学模式也不能彻底解决日语教学改革中的所有困难，但授课教师积极主动引导和鼓励学生转变学习态度，引入和推广运用慕课，是对日语教学改革进行的一种有益的探索，其成效仍然有待检验。

第四章　超星泛雅平台与日语教学

第一节　超星学习通平台的兴起背景

根据《中国互联网发展报告 2018》的数据统计，截至 2017 年年底，我国手机和网民数量已达到 7.53 亿，网民中使用手机上网人群的占比由 2016 年的 95.1% 提升至 97.5%，手机已逐步发展成为一种最主要的移动上网设备。但对于大学生而言，手机聊天是一把双刃剑，一方面使用手机上网可以更加便利地与人进行信息交流、及时收集教学信息材料；另一方面可以使课堂上的"低头族、拇指族"明显地逐渐增多，尤其是一些自控能力相对较差的大学生容易被手机所深深吸引，上课时不能时刻保持专注听讲，从而使学习受到了严重影响。

如何消除使用移动通信设备上网的不利影响，把手机转换成一种能够有效促进在校大学生自主学习的工具，是当前高等院校基础教育工作亟待解决的一大难题。教育部已经明确提出，要促进人才培养模式创新，加快对教育课程和专业的数字化改造，创新信息化教学和学习方式，提升个性化互动教学水平，创新人才培养模式，提高人才培养质量，以及推动学科工具和平台的广泛运用，培养学生自主学习、自主管理、自主服务的意识和能力。积极开展移动式学习、移动式课堂教学，改革和创新课堂教学的新模式，是顺应移动互联网时代发展、提高教育课堂质量的一种有效方法。

一、移动学习、移动教育将成为未来课堂教学的新趋势

在"互联网＋"的大背景下，现代社会大学生的日常生活和学习也变得更加丰富多彩，手机已经逐渐成为他们日常生活和学习的必需工具。传统的课堂教学，要求学生不能携带手机进入教室，手机要上交，然而不但教学效果未能得到极大提高，而且引起了一些学生的反感，使学生用各种方式去应付教师。随着"互联网＋教育"的迅速兴起，我国各高等院校都掀起了基于互联网信息技术的教学信息化改革，微课、慕课、翻转课堂等一系列教学改革如火如荼地推进，教师也能够因材施教，对学生可以进行分级，随时随地辅导学生。学生可以通过超星泛雅公司开发的学习通，利用手机进行自主学习。

（一）移动学习与移动教育内涵

移动学习就是指通过手机上安装的可以辅助学习的软件，诸如腾讯QQ、微信、云端大课堂、云助教、微课堂、超星学习通等，在任何时间、任何地点进行学习。移动教育就是指在移动的学习场所或利用移动的学习工具所实施的教育，是依托比较成熟的无线移动网络、国际互联网以及多媒体技术，学生和教师使用移动设备通过移动教学服务器实现交互式教学活动。随着我国移动端互联网的发展与智能手机操作系统综合性能的进一步提升，这些用于移动学习的移动教育智能App的更新换代也比较快，功能越来越强大。

（二）开展移动学习与移动教育的可行性

超星"学习通"产品指的是由北京世纪信息技术发展有限责任公司基于移动终端和互联网最新技术，专门针对高校师生互动和教与学研究而开发的一款智能手机软件。它是一种集网络课堂教学、学习信息交流、考试管理系统、海量教育资源信息共享于一体的现代化大型综合性教育学习信息服务平台。使用超星学习通可以在课前、课后这两个重要时段对传统教育课堂教学进行重要知识拓展和有效补充，学生在课堂生活中的自主学习中如果发现有不会或者不够明白之处，就可以通过超星学习通上的学习资源进行学习，课后再依照学校所发布的作业、测评等内容进行自主练习和复习巩固。学期末，整个专业课程的学习梳理过程、学习材料及其他相关学习资料的系统化整理记录都可以在"我的课程"里随时找到，以便于每位学生随时进行较为系统化的学习梳理、总结，回忆一门课程的实际学习过程和具体学习内容。也就是说"学习通"本身就是一个"移动、贮存"的课堂，可以和我们目前传统的课堂教学进行无缝的衔接。传统的教学都是在教室中进行的，而移动课堂中的教学与学习则更像是在一个完全虚拟的教学网络上进行的。

二、传统的课堂教学与"翻转课堂"的对比分析

（一）传统教学模式与"翻转课堂"教学模式对比

传统的课堂教学模式主要是以教室作为一个固定的教学场地，在一节课45分钟的固定时间里，师生们面对面，主要由任课老师负责指导学生，采用课堂讲授式的方式，学生们在任课老师的正确指导和合理安排下能够顺利完成基础知识理解和基础学习。

"翻转课堂"也被我们叫作"颠倒课堂"。相对于传统的教学，它将"知识的传授"和"知识的内化"进行转换，学生获得知识和理解知识不再依赖于教师进行传授，而可以通过网络自主学习，课堂上再由教师积极组织学生通过讨论、交流等方式来完成对知识的理解和内化，课后学生则继续通过网络自主完成学习和探究。"翻转课堂"的教学方法主要是基于移动互联网开展的多媒体教学模式。

（二）传统的"翻转课堂"教学模式的优点

随着当前我国移动互联网信息技术的快速发展，"翻转课堂"的教学模式相对于目前传统的课堂教学模式而言还将具有以下明显的发展优势。

（1）课堂教学资源丰富，选择更加多元化。在这个信息化的时代，互联网为我们带来了大量的学习资源，包括电子图书、课程性的学习教科书、电子课程性的学习软件、PPT课件、视频、网站等，鼠标轻轻一点，就可以快速地搜索到很多类似的资源，非常方便。而传统的教学方式，仅仅是依赖于几本教科书、参考文献、习题等。所以，互联网的普及和发展为翻转式教学、学生的自主学习提供了可行性。

（2）尽量减少任教人员的各种重复性教学劳动。教师不必反复多次地自己编写导学教案、修改自己的课堂教学设计步骤或者在课堂上反复抄写一些习题，这些备课工作都只需在规定的备课时间中进行，借助课堂学习管理软件的快速存储和及时发布功能，就可以大大降低时间成本、减少精力消耗。目前我国传统课堂教学有许多烦琐且又重复的教学劳动，实行"翻转课堂"后，教师只需把注意力集中放到如何有效指导学生进行课堂自主学习以及教学活动的课程设计、教学活动手段与教具应用等教学工作上，真正让课堂教学活动效率与教育质量得到极大提高。

三、基于移动互联网学习的高校"混合式"课堂教学模式的构建

基于以上对"翻转课堂"教学模式和传统课堂教学模式的特点进行的分析，

在今后的高校课堂教学中需要进一步发挥移动互联网和手机学习平台的优势，将两种新型教学模式相互融合，优势互补，构建"混合式"的课堂教学。为此提出以下两个重要的策略。

（一）基于移动在线学习教育平台的线上线下课堂教学模式

未来的教学，移动在线学习的教育平台就是线上的虚拟课堂，学校教室就是线下的实体课堂。"课堂"这个教学概念已不再需要具备时间、空间的固定界限，互联网移动学习教育平台把线上和线下的课堂直接串联成了一个整体，统称为线上课堂。在"翻转课堂"中教师不仅可以选择讲授的方式，还可以选择传统课堂教学中常用的启发式、探究式、讨论式等教学方式来进行教学。教学方法的分类主要依据其教学内容、教学研究目标、教学研究对象、教学效果等，未来的教学是"手机＋传统教学＋翻转课堂教学"的混合式教学。

（二）加强微课、在线开放课程建设是实现"混合式"教学的核心

基础定理和重难点内容必须在课前准备、课中介绍、课后复习等每一个环节上进行反复加深和强化。微课和在线开放课程能够帮助学生在课前和课后进行自主学习，以巩固知识，提高学习效率。教学模式灵活多样，教师们可依照自己的风格、思路确定具体的模式和方法。

第二节　超星学习通平台的教学应用

随着现代社会信息技术的快速变迁，互联网已经逐渐走进我们的社会现实生活中，并对社会发展起着越来越重要的推动作用，"互联网＋教育"也应运而生。网络已经发展成了一个连接教师与学生的重要桥梁，师生可以进行双向教学选择，这给传统课堂教育注入了新的推动力量，也给教育带来了许多新的社会挑战。

智能手机由于携带轻便、功能丰富多样，而受到了现代年轻人的热爱，手机不离手的现象在课堂上屡见不鲜。与其要求学校没收学生的手机，不如考虑借助智能型的移动通信设备，让教师、学生之间的教与学互动相接轨，探索现代信息技术、网络资源和课堂教学的有机融合。这无疑是新时期教育领域所要面临的严峻挑战与契机。本节以"超星学习通"为切入点，对日语专业课程移动学习问题进行了分析研究，在反思中找出了解决问题的方案，使课堂教学能够更好地紧随互联网时代的步伐。

一、超星学习通平台

"互联网＋学习"已经发展成为当前高等院校普遍采取的一种教学模式，通过超星网络教育服务平台，可以构建一个较高层次的教育信息资源仓储数据库，使学生在课堂上能够很好地结合自己的实际情况针对性地调整自己的学习路线和方向。因此，在教学过程中，若能有效地利用超星学习通，就能够优化课堂结构，提升课堂效率，使传统的课堂教学也能得到有益的完善和补充。

二、基于超星学习通的翻转课堂教学模式

在课程制度改革的大背景下，基于信息化和网络技术发展的新一代网络学习服务平台也正逐步与课程和教学系统进行更加深度的融合，以实现线上、线下有机结合的教育模式，进而提高课堂的教学质量。

（一）课前准备阶段

翻转课堂就是将我国传统的教学形式和方法进行了转变，通过翻转课堂和对教学任务的重新划分和改革来提升和巩固学生在课堂和教学系统中的地位，学生通过老师布置的课程和教学任务来完成对相应知识的预习，并对接下来的课程和教学内容形成初步的认知。而且教师能够把课堂的时间主要运用到疑难点的知识讲授、问题拓展和训练中，以此为基础逐步建立起更加健全的知识结构。利用超星学习系统可以进行翻转课堂的教学。课前准备阶段，教师需要做的远程课堂教学管理工作的主要内容可以分为课堂教学资源的分类整合、互动式课堂教学管理模型、课堂教学的管理动态化和数据分析三个部分。第一，在进行课堂教学资源分类整合的过程中，教师应该依据其所属课程的具体教学活动主体和学习形式，来整合、扩充相应的课程教学资源，并进行相关课件的综合制作，如将文字与视频、图片嵌套播放，将音频与其他媒体文字同步播放，对视频综合讲解等。首先建立一个相应的课程教学资源课件，其次将所需的教学资源和课程信息直接上传至超星学习网开通的网络平台上，并在此基础上再对其进行整合，从而建构一个网络化、信息化的课堂教学情景。第二，交互式课程教学模式主要是将学校教师、学生、教学三个主体作为课程教学的知识主体，并在三者之间搭建一个更加合理化、规范化的信息交流和知识沟通互动平台，以有效保证课程教学的生动趣味性，进而有效调动和充分激发学生的学习兴趣，以此达到不断提升整体课程教学效果的目的。第三，课堂教学动态化的主要研究目标是对课堂教学中所有学生产生的数据资料进行分析。教师对学生在超星学习通平台上所有学习资料的数据进行研究，以此得出学生对学习任务

的掌握和完成情况。教师们对这个平台的数据进行统计和分析，能够准确地判断出一个学生的课堂学习偏好和侧重点，以此为基础制定出相应的课堂教学策略，进而改善和提升其整体的教学质量。

通过课前预习和准备阶段，教师能够有效地对整体的课堂和教学进行把握，并且在大数据、信息化等技术的推动下，也能够通过数据分析等方法，对学生的自主性和学习活动行为实现信息和模型的建构，以此为课程制度的完善和发展提供基础性的保障。

（二）课堂教学阶段

在课堂教学阶段，教师应该从任务模式和分组模式两个角度入手。在任务型教学中，翻转课堂的教学形式通过对课前任务的布局，已经给整体的课堂教学带来了优势，留出了可持续利用的时间，为此，在实践性教学中，老师也可以根据课堂教学内容的特点，针对性地采取主线式、任务式的教学形式，并依照其教学内容的重要性和关键点来设计一套相应的课堂教学体系，以确保翻转课堂的教学模式是以任务的中心点为基础来进行教学，并缩小学生之间的学习水平差距。在这种分组型的教学中，指导老师作为教学的中心，要引导学生解决教学中存在的问题，让每个学生都通过分组学习的方法去对这些问题进行探讨，以培养和提升每个学生的团队合作意识和能力，进而充分调动和启迪学生的自主性和学习兴趣。

（三）课后评价阶段

课后评价第一阶段的主要目的是将学生线上、线下的课后测评与学生教育学习实践有机结合，进而通过分析和评估总结每个学生的教育学习实践行动、知识运用技巧和综合能力。教师们不仅可以通过超星移动学习系统将课堂教学过程中的所有学生测评和练习题都自动同步传输到给每个学生手中，还可以设定一个学生完成测评的时间，在这种高度科学化和可统计的教学体系下，有效地规范了学校整体的课堂教学。同时，学生还希望可以充分利用学校大数据这个信息平台所呈现出来的就业信息，以及平台对学校内学生的学业考试成绩情况进行周、月、季度三个时间周期的直观型大数据综合分析，以此帮助学生快速实现新的学业自我测评，进而可以使学生能够真正做到自行制定更加全面的新的学习计划及未来的人生发展目标。

三、混合式教学模式和超星学习通简介

混合式教学是指将传统的教学和线上课堂的教学优势相互结合在一起的一

种"线上+线下"的教学。通过两种教育组织形式的有机融合，把学习者的思想由浅入深地进行一种深度的学习，这一教学模式具备以下方面的特征。一是教学模型组合的优化。以专业的教师和学生为中心，根据具体教学内容及教学目的，进行线上和线下的合理搭配、教与学相互作用的最优融合。二是推动学习形态的改革创新。充分利用线上学生的自主学习及线下老师回答问题，组织小组合作的各自优势。三是教育手段的丰富多样。以 PPT 课件、录课视频、扩展资源等多种学习材料的形式进行线上、线下的自主学习、探究；线下开展小组讨论、作品陈列及教师的课堂精讲、答疑等多种教学活动。

（一）课前教学活动

1. 通知发布

为了课堂教学活动的顺利进行，教师需要在课前认真做好课程准备和录制工作，在"学习通"课程管理的"通知"中及时告知学生，如强调对重点素材和文件的录制准备，课前通过"课程通知"提醒学生一定要随身准备耳机。这样既便于教师开展工作又可以培养学生积极主动有目标地开展自己工作的技巧。

2. 手机签到

课前五分钟，教师们可以通过学习通中的活动签到提示功能，提前在学校网站上发布自己的活动，督促所有学生及时做好下次上课的课前准备；学生可以选择采取人机手势扫描签到、二维码扫描签到、地理位置签到等多种形式，教师可以很直观地充分了解和准确掌握学生出勤的具体情况。并且充分调动学生的强烈好奇心，给学校课堂教学营造良好的课堂教育教学氛围。

在目前我国实行的现代化课堂教学中，各种课堂教学活动基本上都是充分使用课前的课余时间来组织完成，再利用课堂"学习通"将课堂活动探索的结果和所学知识融会贯通。混合式课前教学方法不但大大节约了课堂的教学时间，而且实现了教学效果的事半功倍。

（二）课中教学活动

1. 利用手机选人进行课下预习和课上学习抽查

课上，在开始一节新的课程教学之前，回顾前面的学习内容，通过"摇动选人"来及时检查学生课后复习情况，包括课后一些基本知识、专业技能的综合运用及实际掌握情况。使用这种通过左右摇动手机的方式选人，不但能让学生在心理上感到既刺激又新颖，而且非常公平。对课下预习成果的检查等课上互动就是使用这样的方式进行选人，使学生上课后没有睡觉的时间，学生自己课上学习活动的积极性也得以大大增强。

2. 视频资源支持线下教学

课堂上，任课教师先进行可操作性强的演示，引导学生自行掌握新的基础知识与应用技巧，然后引导学生"照猫画虎"地自行完成一份教学任务。有的时候学生很有可能没有掌握教师所演示的一些简单教学内容，这时候就建议学生可以尝试使用自己上网搜集到的教学视频重新进行学习，观看一些没有全搞懂的简单操作。此外，多媒体演示视频课程所涉及的软、硬件以及信息教学资源相对比较多，受制于视频教学设备的特殊性和技术局限性，有的视频知识点无法直观地向全体学生通过演示呈现出来，在演示的这种条件下，教师就可以将一段视频教学素材利用互联网上传到视频网络中，利用这段网络视频素材让很多学生能够很直观地掌握运用直接捕获教学视频的方式和应用手段，以弥补了目前传统教学的诸多缺陷。

3. 展示作品、存储资料

在课堂上每位学生都要按照任务单独完成一个作品，教师抽学生演示自己的作品，好的作品由老师进行点评，向全体同学展示，其他同学现场打分。

（三）课后教学活动

在传统教学中，师生之间相互交流的教育性活动伴随着课堂和教学活动的完成而结束。通过"学习通"可以发起课后的测试、讨论等多种形式的活动，从而延续了师生之间的互动和交流，使课堂上没有解决的问题能够通过讨论、测试等进一步地探讨和明确。

1. 在线测试

课后由教师从试题库中随机选择一组新的试题并进行小组测验，灵活合理地设置每个测试任务需要完成的具体时间，以方便学生检查、分析和复习这一节课的所有基础知识点。学生在课后只需充分利用一些零碎的学习时间就能快速完成这项测试。

2. 在线讨论

为了大大提高教学质量，深入开展信息化的教学改革，可以通过网络在线讨论的形式，教师向学生公示要讨论问题，向学生征求对于本门新课程的建议和意见。也可以线上发布与学生相关的话题，让学生参与讨论，在这些话题的交流中学生才能真正实现自我教育。还可以在线发布一个课堂上没有办法解决的问题或对某个基础知识进行深度学习的主题，引导大家从网络上查找材料深度学习。

（四）考核评价体系的设计

以往的学校教学质量考核评估体系主要分为两个部分：平时和期末的教学考核。平时的学习成绩一般按照要求占30%～40%，包括出勤、表演、课堂所学及需要按时完成的教学任务及其他作业；期末考试的成绩比例一般约为60%～70%，包括了专业理论能力考试、技能考试和大量的作业。在目前我国传统的教学考核中，对于学生的各种评价标准不够具体、不清晰，对于学生的引导力度不大，学生开展自主学习和参与活动的积极性也不高。使用超星泛雅教育平台"统计"管理功能可以对学生进行作业成绩统计管理，通过"权重"来自动设置每个学校的学生作业、课堂讨论互动、签到、章节测验、访问次数等项的评分比重，可以在课上、课下对每个班级学生的实际学习生活状态进行实时全方位的跟踪考核，并且对平时的线上、线下的互动签到、抢答教学问题、参加课堂讨论、测试、作业等具体教学活动情况进行实时跟踪和自动记录，从而使学生的评分有据可循。

基于超星学习通的混合式教学模式在我校多媒体相关专业课程中得到了广泛应用。但很多教师与同学对于超星泛雅平台及其学习通的功能还未充分掌握。基于超星平台学习与沟通的混合式教学在我校日语相关专业课程综合教学中进行了综合实践，将传统的课堂教学、超星学习平台（PC视频终端）教学资源整合搭建、学习与沟通三者相互融合，转变了任课教师与学生的合作关系。课堂的活动参与者和活动主体都可能是学生，教师只是课堂活动的引导者、组织者、回答学生问题的答疑解惑者，手机不再只是学生的"玩具"，而是必须经常使用的一种学习工具。学生们这样就可以充分利用学校移动学习终端，不受上课时间和地点的限制直接进行在线学习，教师们就有机会便捷地对学生的学习进行实时跟踪、评价。而且该学习平台上的学习资源十分丰富，可以让学生使用在线阅读、讨论、视听、测试等各种互动形式进行在线学习。这种多元、立体化的课堂教学模式明显优于传统单一的课堂教学效果，可以充分调动广大学生学习的主动性和积极性，活跃学校课堂气氛，有利于全面深入训练广大学生的综合能力素质。当然，学生的自我认知类结构化教育处于持续改革与不断发展中，教学方式和教育途径仍然需要不断完善。

第三节　超星学习通平台的评教功能

一、智能手机使用现状

一项对我校日语专业学生智能手机使用情况的研究报告显示，学生们的智能手机主要用于社会交友、游戏、追剧，而较少用于学习、数据搜索。这个学习功能主要是利用"简单单词"背诵 App 进行日文单词的背诵，但比较多的人只是利用移动设备来进行"简单单词"的阅读。另外，他们还会充分地利用自己的智能手机来关注教师、同学们在班级 QQ 群里公开发布的课程、班级活动等相关信息，但是他们不太关注网络上的学习平台信息，不少学生表示仍然不能够习惯性地通过自己的智能手机来完成平台上的作业。

虽然我校的同学们能够运用智能手机来进行自主学习，但是其广度和深度均不高，不过我校的学生也并非对此很抵触。因此，需要教师在课堂以及平时与学生的互动和接触中给予正确的引导，让学生能更乐意使用自己的智能移动设备开展自主性的学习、参加课堂教学，使智能手机成为一种辅助性、提升学习效果的利器。

二、教学改革中待解决的问题

（一）学生对于智能手机的使用态度

虽然智能手机给教学工作带来了种种便捷，但也面临着种种问题。比如，长期以来都只是用纸笔的形式完成作业的学生，不习惯做网络平台上的这些作业，特别是那些需要亲自撰写大量文章的主观性作业，部分同学往往会选择用复制粘贴的方法完成。又如，有些学生在课堂上对待老师发布的视频学习任务，存在"刷屏就行"的心理，即只将自己的手机打开不进行观看与任何的操作，甚至让他人代替观看。另外，在利用智能手机对课堂进行教学的过程中，大多数学生能够根据指令及时接到手机，但部分学生还是会充分利用这一机会去浏览手机上其他的消息，搜寻和本次课堂无关的内容，因而就需要老师再次给予提醒甚至监督其学习，这在一定程度上也严重影响了整个课堂的教学效率。怎样才能使学生们更加自觉、更有规律地去使用移动设备也是信息化课程教学改革中的一个必须面对的问题。

（二）教师对信息化教学的改革认识

当前，智能手机已经逐渐地成为人们生活和学习的必需品，在我国现代信息化课程建设和教学管理改革中也发挥着重要作用。依托于信息化的教学平台，借助移动设备进行日语信息化课程教学改革势必对于提升日语专业整体的教学质量、提升日语专业学生的自主学习水平和专业综合素养具有积极的推动作用。

三、超星学习通的评教功能

（一）充分利用各种功能，加强互动，激发课堂活力

使用超星学习通后，学生的课堂教学评价工作完全无需另寻教学平台，并且评教材料可永久保存，学生可以随时进行反思；它适用于问卷式的调查，检验学生的整体知识掌握程度和能力发展情况，其调查结果的可视性比较高，互动展示效果良好，是充分调动学生学习积极性的一种有效途径，而充分利用教学问卷则可以大大增加教师的教学活力。

无论是学生自己提出的问题还是回答的问题，教师都可以给予表扬或者点赞，同时给予5分鼓励。通过鼓励引导，在讨论中的学习已经逐渐变成了常态。超星教育平台的教师学习情况监视系统通过提供17种监测方法实时甄别教师完成学习任务的情况，教师也可以按照学习需求进行定期、不定期或者进行完全自动的实时情况监测和学习提醒，督促教师团队随时随地加快自己学习的进度。但是如果想要真正达到最佳的互动督学效果，就必然需要学校和全体教师的不懈互动跟踪，通过海量的统计数据准确实时地锁定互动追踪的督学目标，使学习者的参与度提高。三年实践表明跟踪队尾成绩的方法效果明显，近三年在测试难度没有出现明显下降的前提下，期末测试的考核及格率达到了100%。这种通过各种渠道互动、调节学生参与的讲师授课模式已经得到了学生的认可，学生对于评教感觉满意及以上的比例占97.5%，很满意的比例达61.9%。

（二）超星学习通具有学习过程统计功能，使形成性评价翔实可靠

"超星学习通"可以轻松地实现教学任务记录、访问记录数量、成绩统计管理等9项重要数据管理功能，基本上已经囊括了全部的教学活动，并且可以跟踪每一个学生的日语学习进展情况。教师根据考试成绩和综合学习活动参与情况通过系统自动地统计形成每位应试学生的综合教育学习活动成果。学生们将有机会根据自身的实际综合能力来及时调整他们的学习生活节奏，积极地面对学习与生活。并且，随堂综合测验、章节性的综合测验和练习作业都被明确

设定为每个应试人员都应每天至少重复 10 次，学生们也可以通过反复练习，达到自我满意。

第四节　超星学习通平台与日语学习

一、基于超星学习通的移动学习理论基础

超星学习通（以下简称"学习通"）是一款通过操控智能手机、平板电脑等移动设备，进行线上移动学习的综合性专业服务平台，其主要包括六个功能板块，即移动课堂互联网学习系统、移动研修分管理系统、移动阅览器学习系统、移动开放式课堂、移动网络服务学习系统及移动社会学习服务系统。其主要依托于丰富的资源，搭建了一个线上学习的平台，并融入了线下的教学，实现了课堂教学的创新。与我们传统学习工具——课本相比，"学习通"凭借大数据时代的技术支持，对课堂、阅读、作业等大量数据进行追踪，解析了学生学习的动态。教师、学生都希望能够掌握最新的数据，如签到数据、平时考试成绩数据等，以体现出公平、正义的原则。除此之外，学习通还设置了问题抢答、随机选人、课堂投票、讨论等环节，为师生良好的互动提供了技术保证，促进了课堂模式的多样性发展。

学习通与移动学习均以建构主义学习理论为基础。建构主义强调，知识不是通过教师传授而得到的，而是学习者在一定的社会文化背景下，借助其他人的帮助，利用必要的学习资源，通过意义构建的方式而获得的。构建主义学习环境包括情景、协作、会话、意义建构。移动学习可以发挥学习者的能动性，让学习者为主导，随时随地自主交流，体现了建构主义学习理论的重要性。"学习通"则具体有效地运用于课堂教学的每个环节，如课前老师通过"学习通"上传了所需要的学习资源，使学生主动进行了预习，并且积极地搜集了与之相关的素材，学生对于课堂教学的主动性得到了提升；课上老师们设置了情景，学生们以小组合作、会话等多种形式来完成学习。对疑难问题的解惑可以加深学生对这个问题的认识。

二、移动学习在日语教育中的应用及其可行性分析

日语本身就是一门实践性很强的课程，对其学习需要从听、说、读、写的

训练入手移动式学习可为师生之间的互动提供沟通渠道，教师们还可以随时在后台通过监控得到学生的课程和作业情况，如视频浏览量、作业任务完成情况等，从而有针对性地督促学生认真参与课堂学习，逐步培养和提高学生独立自主参与学习的能力。

积极进行碎片化、微型化的学习和累积学习。由于课堂时间有限，课下学生可以充分利用空余休息的时间，利用自己的智能手机或者平板电脑浏览资料、学习相关课程。对语言学习来说，单纯进行语法学习远远不够，还需要记忆单词、阅读文章、了解社会文化等基础知识。目前众多的日语学习视频软件，如沪江网校等，从简单的日语考级学习到拓展日语知识面，提供了生动活泼、短小精悍的日语学习视频内容，提高了广大学生学习和互动的兴趣，提升了学习效果。

始终坚持以引导学生成长为中心的自主学习。学生们不仅可以通过课前预习了解并掌握所需的学习材料，还可以与任课教师在线共同讨论困惑不解的学习问题，或者在课上一起走出去进行探讨，移动学习已经突破了地域的限制，学生也希望通过互联网平台所提供的慕课、精品班级，足不出户就能享受到优质的教学。由于我国大学生普遍掌握了一些智能手机的使用技巧，且他们正处在一个渴望接触到新事物的年纪，学习新事物的能力普遍较高，"传统填鸭式"的教学已难以满足他们的需求，需要一种新的形式来开展教学。目前，大学校园内大部分公共区域都已经实现了无线网络覆盖。在这样的背景下，将无线移动日语学习网络技术广泛地融入大学日语教育的课程中既是可行的，又是前景广阔的。

三、传统日语教学模式的弊端

首先，学生被动地接受知识很难深入理解和充分掌握；其次，学生被动地接受知识，难以充分调动他们学习的积极性与创新性的精神；再次，师生、生生之间由于缺少了有效互动，课堂气氛不够活跃；最后，教学内容只能局限于课文和教材，拓展类的课堂教学训练手段实际应用较少，尤其对学生听、说和写的能力训练明显欠缺，学生实际运用知识和解决问题的能力较差。由此可见，改变传统讲授方式、充分利用网络教学平台、将学生的学习由被动改为主动、调动学生学习积极性、提高学生自主学习的能力势在必行。

四、基于"学习通"的日语移动学习策略

移动学习可以让人们获得和分享新一代技术所带来的便捷、实时互动的优

势，利用海量的资源，提高了人们学习的兴趣和积极性。但也必须要正视其中存在的一些问题。针对基于语言沟通的日语新课程，结合现场调研的结果和笔者在课程中的教学体会，总结了两点意见和建议。

（一）教师需要不断学习，掌握新技术在教学中的应用

科学信息技术日新月异，知识推陈出新的发展周期在不断缩短，以学习通为代表的移动式学习对于学生、教师来说都是一种新事物、新挑战。与学生相比，教师更需要投入时间和精力，研究学习通这个平台。无论是传统的教学，还是移动式教学，教师除了要参与到教学活动中，还要进行一定量的教育科研工作。如何把教师的教学活动和教育科研工作进行合理安排，仍然是一个亟待思考和商榷的话题。

（二）培养学生自主学习能力

如何在这海量的学习资源中寻找最适合自己近期学习的一门课程，并始终坚持不懈地将此课程的学习进行下去，也是当下摆在众多学生面前的一个难题。市面上关于日语学习的应用软件不断增多，从五十音图发音软件到热门单词、语法、阅读的学习，功能日渐强大，如"沪江网校""早道日语"等，选择一两款、制定一份合理的日语学习解决方案，能够起到事半功倍的效果，让年轻人更容易养成持续学习日语的良好习惯。

第五章 腾讯课堂与日语教学

第一节 腾讯课堂平台

一、腾讯课堂

腾讯课堂是腾讯推出的专业在线教育平台，聚合了大量优质教育机构和名师，下设职业培训、公务员考试、托福雅思、考证考级、英语口语、中小学教育等众多在线学习精品课程，打造教师在线上课教学、学生及时互动学习的课堂。

腾讯课堂也进行了平台优化。优化功能包括 CRM 学员销售管理系统、系列课程及时更新、课程分析及发课排课系统等。腾讯课堂将在"连接"和"效率"上持续发力，以实现学院化体系化的平台能力，从基础工具到教务教学全工具，并深化优质机构扶持和奖惩机制。

二、搭建腾讯课程平台

构建以"连通、开放、灵活、智能"为主要服务特征的、能够同时提供多种服务的互联网教学平台。

（一）基于 QQ 群的课程教学平台

QQ 群泛指由一定规模或数量的 QQ 用户围绕某个主题或者兴趣爱好而组建起来的一个聊天室。利用 QQ 师生群创建一个学习的共同体，为广大师生进行交流对话、共享学习资源、发挥师生团队精神、开展各种小组配合协作等提供了方便，师生均以真实的姓名加入该群，共同营造一个良好的学习环境。

（二）基于 QQ 群论坛的交流互动平台

QQ 群论坛为每个群成员提供了一种发帖或者回帖的实时交流话题讨论互动平台。通过 QQ 群论坛，不定时地公开发布与高校课程的在线学习密切相关的新闻信息和讨论话题，鼓励群内学生在这个论坛中各抒己见，让大部分群内学生主动积极地参与交流互动，从而加深学生对课堂知识点的理解与掌握。

第二节　腾讯课堂平台的应用

近年来逐渐兴起的翻转式课堂改变了传统的课堂教学模式，取得了很好的效果。远程翻转网络课堂主要是指翻转网络课堂的课前和在线自学、课中和网络互动、课后和网络巩固等各个环节都是通过线上进行和完成的，与其他常态化的翻转网络课堂最主要区别是将面对面的真实课堂和互动这一教学过程全部转移至线上。腾讯的网络翻转教学课堂强调以腾讯人人网为教学中心，倡导"分享、互动和协作"的教学理念，为在移动互联网络信息时代的大数据背景下搭建的高校教学平台提供了理论支撑，因此笔者通过深入研究提出了基于腾讯 SNS 的高校远程网络翻转教学课堂。高校远程翻转课堂主要是指以提供社会化的网络和信息服务作为主要技术支持，在高校中实现一种跨越了时空界限的远程翻转教育课堂，整个教学过程都是在线上完成的。下面以课前预习为例，介绍腾讯课堂平台的应用。课前预习在高效课堂中的作用非常明显。但是，采用何种方式、何种途径组织预习呢？这是影响课前预习的重要因素。如果印制纸质的预习导案，就会加大学校的经费负担；如果教师把这些内容交给学生进行抄写，也不现实，因为这会加大学生的负担。所以，借助腾讯 QQ 来辅助课前预习，效果会很不错。因为腾讯 QQ 的聊天、文件传输、空间、群、文件共享等功能可以很好地解决预习中的一些困惑，使预习变得轻而易举。

一、利用腾讯空间或群、文件传输等功能，为学生提供预习方案和资料

目前腾讯 QQ 的市场占有率非常高，使用率也相当高。人们对腾讯 QQ 的功能也非常熟悉，学生就更不例外了。所以，在组织学生预习的时候，为了节省费用和时间，教师可以利用腾讯 QQ 的以上功能传输预习资料，学生通过登录 QQ 群或空间进行预习。这不仅节省了经费和时间，也为学生积累了大量的

资料，方便学生经常登录进行复习。所以，腾讯 QQ 是学生学习的资源库，更是学生学习的有力助手。

二、利用腾讯 QQ 有效组织学生进行课前预习

学生的课前预习不能盲目、无计划、无组织地进行。要使预习有成效，就要进行预习管理。腾讯 QQ 能突破时空限制，协助教师组织学生进行课前预习。所以，无论学生身处何处，通过 QQ，教师都可以指导学生进行预习。这不仅方便了教师和学生的交流，也有利于教师对预习的调控，提高预习质量和效率。

三、腾讯 QQ 是学生预习的交流平台

预习是学生独立思考的自学行为，在自学的过程中难免会遇到百思不得其解的问题，此时学生就可以借助腾讯 QQ 寻求帮助。"三人行，必有我师焉"，何况在 QQ 群中有那么多人。在交流中学生不仅能弄懂自己不懂的问题，还能增长见识、开拓思维。所以，腾讯 QQ 的聊天功能有助于学生更好地预习。总之，高效课堂从预习开始，而预习又得益于腾讯 QQ 的大力支持。腾讯 QQ 用其独特的功能来助推高效课堂的构建，其教学辅助功能意义重大。

第三节 腾讯课堂平台的优势

一、SNS 教育应用分析

SNS（Social Networking Services，社交网络服务）作为 Web 2.0 中的一种运用，其必定在教育中有用武之地。SNS 的互动性可以给学生与学生、学生与教师、学生与专家之间提供良好的沟通交流环境。目前，许多学者正在探索 SNS 与教育良性融合的途径，其主要集中在以下几个方面：一是构建网络学习共同体，利用 SNS 的真实性、开放式特点，构建具有某一主题的网络学习共同体，为学习者提供一个学习交流、资源共享、平等的学习平台；二是利用 SNS 开展混合式教学，构建网络学习社区，开展网络协作学习、自主学习，从而弥补单一学习模式的不足。

随着 SNS 的进一步推广普及和教育应用越来越广泛，为有效推动我国翻

转课堂的体系建立提供了一种崭新的路径。目前我国已经有相关教育专家和学者正在积极探索如何通过使用 SNS 信息技术平台来有效开展翻转基础教育网络课堂。王琦等人研究探索了基于高校传播媒体教学环境的高校翻转课堂教学模式，在课题研究中他们提出了蜘蛛网翻转模型。张战胜等人详细地研究分析了社交网络和移动互联网等新技术广泛应用于翻转课堂的几大优点及可行性，并提出了一套应用于翻转课堂的策略。

二、基于 SNS 的高校远程翻转课堂模型构建

目前，高校网络教学普遍存在活动流于形式、教学视频冗长乏味等诸多现实问题，造成了教学效果不甚乐观，网络教学模式亟待转型与创新。近年来兴起的翻转课堂颠倒了传统教学流程，充分体现了"以学习者为中心"的新型教学理念，取得了良好的实践成效。

翻转课堂是指以社会化网络服务为技术支撑，在高校开展跨越时空限制的远程翻转课堂。SNS 是开展远程翻转课堂的核心技术，教学对象是具备一定学习自主性的学生。基于 SNS 的远程翻转课堂利用各种 SNS 搭建网络教学平台，教师的主要活动包括统筹资源、互动答疑，学生的主要活动是自主学习、分享讨论和协作学习。基于 SNS 的远程翻转课堂模式最大的特征是在网络环境下开展翻转课堂的全部环节，突出线上师生及时交互的特点，解决传统网络教学平台功能不完善、缺乏及时有效的交互工具等问题，从而提高网络学习的参与度，让学生拥有更多学习自主权，从而有利于实现差异化教学。身处教室、图书馆、实验室和宿舍等地方的师生均能在开放的网络环境中开展轻松多样的学习活动，为师生跨时空教与学提供了便利。

三、基于腾讯综合服务平台的高校远程翻转课堂设计

当前我国主流的 SNS 平台包括微博、博客、人人网、微信、豆瓣、百度百科等，通过对各类工具进行对比和分析后，笔者发现腾讯综合性服务平台是构建基于 SNS 的远程翻转课堂的最佳选项，该工具可以支持用户进行交流、讨论、个人展示、协作和分享。

（一）应用小组合作学习策略，促进群体共同提升

在目前正在开展的基于 SNS 的高校远程翻转网络课堂教学实践中，教师需要通过灵活地运用小组合作学习的策略，将学习者进行一些同质性或异质性的分组，鼓励学生利用 SNS 在线上积极地开展一些协作性的活动，探究存在

的问题，展开讨论，从而有效地解决我国传统网络课堂教学因其缺少交互而导致的学习者学习效率低下的问题。小组合作学习策略把个人自学、小组讨论、全班沟通、教师指导等有机结合，让学生从单一的学习旁观者逐渐转变成主动的学习参与者，充分体现了学生的主体地位，增强了学习自信心，也充分满足了学生对社会交往的心理需求，同时能够最大限度地发挥集体智慧，形成积极向上的群体氛围，促进群体共同提升。

（二）探索问题引领的学习战略，提升远程翻转式课堂的教学效果

在高校远程翻转课堂的研究与开展中，教师需要运用问题引领学习策略，把传统的教学重点、难点、疑惑都转化成问题，让学生通过 SNS 主动地去探索这些问题，并在发现问题和解决问题的过程中去探索新知。应用问题引领学习策略在教师开展远程翻转课堂的教学实践时，教师可以根据需求给学生提供一份自学任务单、半结构化的问题表、学习指导说明书、学习评估表等素材，让学生可以在课前、课中、课后三个阶段运用 SNS 来开展以问题引领为主要目标的学习，在帮助他们实现对知识的整合和建构的同时，提高他们学习探究能力和解决问题的解决能力，从而提升远程翻转课堂的教学效果。

本书提出的远程翻转课堂模式力图突破传统网络教学的桎梏，真正实现网络环境下教与学的流程再造，促进师生与生生之间进行多维互动，提升学生网络学习效果，同时为学校开展翻转课堂提供一个新的途径。

第四节　腾讯课堂平台与日语教学

为了适应我国大学日语教学发展的新形势，进一步提高教学质量，满足新时期社会对人才的需求，教育部制定了《大学日语课程教学要求》，作为各高等学校组织非日语专业本科生日语教学的主要依据。各高等学校应参照《大学日语课程教学要求》，根据本校的实际情况，制定科学的、系统的、满足学生需求的大学日语教学大纲，指导本校的大学日语教学。

据我们的调查，目前许多学校没有把学生的课余时间充分有效地利用起来，许多学生漫无目的地浏览网页，因此学校可以引导他们进行网上学习。目前对于非日语专业的学生进行日语授课的时间相对较少，且采取大班制的教学，仅仅依赖课上的日语学习，不能够完全满足学生的需要。腾讯课堂平台充分迎合了学生的日语学习需求，提升了教学效果。

一、以腾讯 QQ 为例，介绍虚拟第二课堂构建方案

如何利用网络来构建一个日语的第二课堂呢？下面就以腾讯 QQ 作为实践案例进行详细的介绍。

（一）QQ 群

这里主要是教师构建 QQ 群，加入所有学生。

1. 群聊天

学生可以通过交谈最近的日语课堂学习，把学习效果和疑问反馈给教师，同时，其他学生也可以共同参与讨论，共同发现问题、解决问题。

2. 群空间

群空间就像一个论坛，这比较适用于电脑上网的同学，在浏览网页的同时进行评论。

3. 群相册

群相册既可用来记录学生在日语课堂上的学习进程，或者某次班级活动的纪念，也可对此功能进行细化，做成日语卡片单词学习或图片新闻。

4. 群活动

群活动是网络通往现实世界的一个途径，如在群活动里组织各个班级的电影片段观看和其他的活动等，比通知模式更加有效和有趣。

（二）教师的 QQ 邮箱

教师的 QQ 邮箱可以收发学生的日语作业。学生可以不受时间、地点的限制交作业。学生在邮件主题上写下自己的专业、姓名和学号后，作业以附件形式添加至邮件，教师收到邮件后可以通过批注的方式对学生的作业进行修改，随时随地反馈给学生。这样学生便可以清楚地发现自己的问题所在，改善提高自己。同时，教师保存学生的作业和修改稿，为学生学习的过程性评价提供依据。

（三）教师的 QQ 空间

教师的 QQ 空间应当具有一定的引导性和针对性。教师在自己的空间发表日语短文、学习资料、励志文章等。不管是文字还是视频，学生只要登录自己的 QQ 空间即可以点击查看，并且可以选择性地进行评论。这种师生之间的无障碍互动和交流促进了学生的学习。

二、聊天工具虚拟第二课堂的优势

（一）时间优势

通过群，教师发言，学生参与讨论，就可以把很多同学集中起来。

（二）空间优势

利用 QQ 聊天工具就能够不受时间和地点的约束，即使是在假期期间，学生和老师仍然能够进行互动、交流、资源分享。

（三）丰富学生网络活动，提高网络质量

教师发在群里的信息往往会给学生带来极大的兴趣，他们会专心参与，认真思考，从而达到利用日语进行思考并进行文化交流的目的，这个效果比课堂日语教学更加有趣，也比课堂日语教学更加有效。

（四）资源优势

利用聊天工具构建第二个课堂，在一定程度上大幅减少了对于资料的打印，而且网络时代的第二个课堂将会非常有效地做到零浪费、零污染。网络共享能够让教师与学生永久保存资料。

（五）机会均等

与传统课堂相比，QQ 交流可以更好地实现机会的均等。传统课堂教学中教师向学生讲授所有的课本知识，然后进行提问，学生则需要听和回答，课堂氛围沉闷、紧张。由于学生人数众多，教师要一一去关照每位学生，这是很困难的。如果教师能够在网络中向学生提出一个问题，就能在一定程度上有效缓解学生在课堂上的紧张心理，从而使学生更加大胆地表达自己的观点。

（六）真实互动情景

QQ 是我国大多数在校大学生使用的一种聊天工具，与其他网络学习方式相比，优势是能提供真实的情景。我国著名的语言学家提出"只有当学习者有机会去接触到目标语的输入时习得才会发生，因此也可以说没有了输入就没有习得。"因此，只有真实的情景才能够更好地帮助学生建构意义。

在建构主义理论的指导下，基于腾讯 QQ 等网络聊天工具来构建日语第二课堂是很有必要的，可行性非常高。虽然这期间我们可能还会遇到一些小问题，但是只要我们进行合理的利用，将虚拟第二课堂作为对现实课堂的一个补充、升华与应用，其作用是不言而喻的。

三、基于 QQ 空间的资源共享平台

（一）课前知识传授

在课前知识的传授环节，教师根据需要准备一些网络课件和教学信息资源，并将这些信息资源上传至 QQ 空间，通过群公告向学校发布一个特定阶段的学习目标，并合理地布置课前自主学习的任务，要求学生在课前浏览微视频，把自己学习过程中可能遇到的困惑和问题记录下来并及时分享到 QQ 群，以便及时地掌握学生的学习情况。此外，为了能有效开展远程翻转式课堂，营造良好的网络翻转式课堂学习气氛，教师还需要事先与学生进行沟通协商，确定每周一次的课程时间和安排，以方便师生跨越时间的限制，进行实时课堂互动，从而提高网络课程教学的效果和质量。

（二）课中知识内化

在课中环节同时登录 QQ，教师首先根据每个学生课前的学习情况反馈有针对性地讲解相关的知识点，接着学生向老师提问，教师在回答学生问题的过程中不断地引导学生思考更深层次的问题，在这个教学环节中学生可以自由发表见解，围绕问题共同讨论、相互学习。QQ 群能够实时自动记录全部互动过程，以便于学生课后查看课堂相关记录。随后教师组织小组协作活动，学生应用 QQ 讨论组结成学习小组，通过协作完成教师布置的学习任务。最后，每个小组将各个小组的成果上传至"群共享"，并在 QQ 群中汇报或展示作品，教师和其他各个小组的同学就可以对此成果进行点评，在交流和问题讨论中相互学习。

（三）课后知识巩固

课后，教师可以通过"群作业"向每个学生布置课后作业，并将课堂中学生提的典型问题和解答整理成课程答疑记录、课堂反思、相关主题的拓展资料、小组协作成果等资源分门别类地共享在 QQ 空间，让学生根据自己的实际需要自由地选择学习资源来巩固知识。教师还可以布置课后小组任务，进一步加强学习共同体的归属感。

四、腾讯课堂应用于在线教育的优势

腾讯课堂是由腾讯推出的综合性专业在线教育服务平台，集中了各类教育机构和优秀教师的海量课程资源。作为一种开放式的教育平台，教育机构可以自行注册、开发课程；用户既可以对课程进行订阅、购买、学习和管理，也可以开展学员之间的互动社交，并通过仿真模拟真实的课堂，在网上轻松学习。

腾讯课堂充分利用 QQ 客户端的特点，为线下的教育机构、优秀教师以及想要获取优质教育资源的学习者提供了一个很好的平台。自腾讯课堂成立以来，受到了许多学习者和教师的热烈追捧，其成功的原因不仅在于 QQ 的亲近感与熟悉感，更重要的是它依托 QQ 与 QQ 群，具备诸多优势。

（一）庞大的用户数量，稳定的用户群体

腾讯 QQ 不仅拥有海量的用户，还拥有稳定的用户群体。QQ 用户遍布广大地区，吸引了大批因地域偏远或无力支付优质教育费用的学生，从而促进了腾讯课堂的发展。

（二）以 QQ 客户端为核心，最大限度地模拟线下课堂

QQ 具有良好的音视频技术，可以达到流畅、高音质的课堂直播效果。QQ 群视频教育模式可以实现在线播放 PPT 等。QQ 群视频教育模式中还设有评论区，这为师生提供了探讨的机会，方便师生即时互动。

（三）天然的群聚效应，促进师生互动交流

QQ 群具有天然的群聚效应，学生可以通过腾讯课堂加入经过机构认证的官方 QQ 群，在群内和同学、教师进行互动。教师和教育机构则可以通过 QQ 群对课堂进行管理，了解学生的学习情况。

五、腾讯课堂的构成及其运行模式

（一）腾讯课堂的构成

腾讯课堂是由腾讯课堂教育网站与 QQ 客户端构成的。该教育网站特别推出了一套供学生自主选择的热门日语直播课和录播课。清晰的热门课程内容框架、热门课程大纲等有利于每位学习者快速了解课程信息并选择自己需要的课程。QQ 客户端是腾讯课堂重要的组成部分，在网络课程页面报名成功后，可以在 QQ 客户端找到已报名的课程，点击该课程即可进入在线学习。

腾讯课堂的顺利运行主要以 QQ 客户端为支撑，并借助 QQ 群视频教育模式开展线上的教与学。在腾讯课堂的运行过程中，教育机构、教师、学生三方无缝链接。其中，教育机构负责腾讯课堂教育网站的入驻、课程发布等，拥有所有的管理权限；教师拥有对所有课堂和学生的管理权限；学生在教师的帮助下进行学习，并可以和其他学生交流互动、共同进步。

第六章　雨课堂与日语教学

第一节　雨课堂平台的兴起背景

我国《教育信息化十年发展规划（2011—2020）》中明确提出，要"培养学生信息化环境下的学习能力"，即通过信息技术的帮助实现学生更好的自我学习和自我发展。

这一规划有效调动了学生自主学习的积极性，提高了高校外语课堂的教学效益，是当前我国高校外语教育亟待解决的热点难题。移动互联网可以实现日语学习的泛在化、自主化、个人化、协同化，具有随时随地的学习反馈、情景交互性好等显著特征，为外语学习者提供了一种天然的输入和输出。在智能手机普遍应用的当代，对传统的教学方法必须进行改革。

随着当代我国教学信息化不断推进，基于慕课MOOC、微课的移动翻转课堂教学和新课堂的深入建设，混合式教学的深入研究，基于移动互联网教学平台的移动翻转教学课堂、智慧型翻转课堂等创新教学模式的深入开展，我国教育得到了迅猛发展。然而，基于"雨课堂"教育平台构建国际高等外语学校课堂教学管理模式的却很少。其中，具有一定国际性和代表性的专家、学者主要包括中国清华大学的杨芳，探讨了基于MATLAB的慕课与混合式实验课堂的具体开展与课程设计，主要通过对学校助教和听课学生的学习情况进行问卷调查，分析了混合式课堂师生学习效果的满意度。

雨课堂管理系统软件是一种全新的在线教学管理工具，是由学堂在线与中国清华大学在线教育办公室联合开发的，其软件设计和开发操作整体流程相对简单，其目的就是为了打造连接整个教师与全体学生的一个完全智能化的教学终端，将整个教学课程的各个环节包括在内。

　　每一堂课上完后都会赋予我们一种崭新的感受，在高效率中释放教与学相结合的力量，从实际上推动教学改革。简单来说，借助雨课堂的实用性，打破学习场地与时间、空间的限制，充分地把线上与线下有机结合，实现了课堂中各个环节之间的教育互动。雨课堂的运营，可以在课外的预习和课堂教学之间搭起一个相互交流的桥梁，从而达到让课堂互动永不下线的目的。

一、"雨课堂"

　　"雨课堂"主要指中国慕课教育平台"学堂在线"与北京清华在线网络教育公司联合推出的一款大型综合性网络教学信息技术培训平台。这种新型的混合式课堂学习体验模式是一款可以连接所有高校师生智能手机和其他移动智能终端的一款新型翻转式智能课堂，它将课前、课中、课下的各个环节都给予了全新的视觉感受和学习体验，通过官方微信或者公众号直接关注，实现了多屏问题交流视频互动、随时随地进行专题问答视频互动、实时进行重点和高难度问题反馈、弹幕问题交流视频互动、课件视频推送、课堂问题调查问卷测试等功能。

　　教师只需要在一台电脑上直接下载并安装一个基于"雨课堂"的插件，就可以将其直接应用于"雨课堂"，这个插件功能有很多。例如，视频插图、慕课插入视频、网络插入视频、语音插入说话视频讲解、选项性问题等，教师可以随时将其直接推送给学生的终端；所有的学生只要随时使用你的手机或者微信，扫一下学习课堂签到二维码，就可以顺利完成签到，从而直接进入一个新的学习课堂。课堂上每位教师的文字授课视频课件将通过移动课堂一页页地发送到每个学生的移动终端设备上。雨课堂信息平台下的教育信息资源基本实现了信息多媒体化、智能化、碎片式的传播，按照所需自动推送，实时信息同步。

　　日语课程是由理论知识和语言实践两个部分组成。针对理论知识内容，首先，结合课本上的知识点进行逐点讲解，但是语言实践时因为没有及时复习而忘记，从而导致学习的内容越多，真正实践的时间却得不到保障，学习效率低下。其次，学生学习的积极性差，主动性不高。学生很少主动在课前或者课后进行复习，缺乏主动学习的能力，导致实践时没办法完成任务。再次，个别学生得过且过，作业抄袭现象严重。采用传统的语言教学的方法，每节课布置的任务是面向全体同学，或者分模块安排任务。但是抄袭严重，课程学习知识无法真正掌握。最后，考核方式相对单一。课程考试采用试卷考核为主，平时成绩或者到课率为辅的考核制度，不能真正达到考核的目的。

"雨课堂"是一种新的教学方式，近年来被各专业教师广泛采用。授课采用课前、课中、课后三种模式，并保证这三种模式都能在教学的前、中、后三个阶段有效地跟任课教师合理的沟通。

（1）课前。将课程资料提前下发到学生客户端，使学生可以提前做到课前预习，资料内容包括本节课的知识点、课程重难点等内容，使学生做到心中有数，并开设预习提问接口，即使在预习的过程中，遇到问题也能第一时间让任课教师知道，以便在后面的授课中，做到有针对性。

（2）课中。在上课过程中，针对理论知识内容，进行知识点讲解。在学习过程中，时时做到知识点小节记录，并针对实践环节，做到内容留痕，在整个过程中仍然预留答疑提问接口，这样就不会因为疑问浪费宝贵的课上时间。

（3）课后。这一环节跨越的时间最长，也是知识遗忘最多的一个时间段，通过雨课堂教学方法，可以做到及时课后复习，针对知识点进行再次总结，在整个过程中仍然预留课后答疑提问接口并对下一节课的内容进行预习，做到一个良性循环，以保证整个知识体系循环往复，不断积累学习。

通过充分利用"雨课堂"资源主动开展课堂教学，有效实现了任课教师主动指导，学生在雨课堂中具有学习的主动性、积极性和主体地位，师生之间的互动方式也变得丰富多彩。通过充分利用课堂时间进行课外教学，能够培养广大学生的学习自主性，增加课堂学习中的参与感，增加广大学生在雨课堂上的学习获得感和对课堂学习的主动性、积极性。学生可以边参与、边学、边做，从而大大加深了对书本上的知识和内容的理解，让学习变得生动高效。通过充分利用业余课堂时间来组织开展活动教学，可以极大地增强学生的自主学习能力以及实践活动能力。在学习中既掌握了学科知识和专业技能，充分培养了广大学生积极自主独立学习的坚强意识和积极参与学生小组集体协作的精神，从而实现了学生合理运用知识和方法解决课程中实际问题的能力。

二、"雨课堂"教学设计

（一）课前阶段——以学情分析为核心

基于"雨课堂"平台给学生发放视频录像、学习课件、预习检测题等作为预习主要内容。课件、试卷将显示在学生的电脑或者智能手机上，学生可以随时随地使用移动终端网络进行一些课前的预习和答题。教师可以通过移动终端查看"雨课堂"平台及时获取学生测验结果的正确率，从而更好地了解每个学生对知识点的把握情况和存在的问题特征。根据"雨课堂"测试资料进行教学情况的分析，从而更加科学、有针对性地进行课程设计。

（二）课中阶段——以师生互动为关键

第一，在课堂语境教学上，教师针对学生未能熟练掌握的单词或句型，可以将视频语料库所截的视频短片进行精讲。教师给出提示或是精讲了预习时存在的问题，学生能够集中精神着手解决自己在预习时遇到的困难。

第二，在实时的检测上，学习任务完成后，教师通过移动网络发布一份测验问卷，做到了实时的检测，设置了限时回答，使学生能够高度集中注意力来回答问题。学生在网上提交了试卷，教师的手机会自动收到并进行反馈。

第三，在教材总结与提升方面，用智能手机实时查看每位学生试卷中的错题，精讲、分析试卷中的重点，补充各种类似试卷，巩固薄弱点，进一步加强师生之间的互动与交流，培养学生的创新性思维。

（三）课后阶段——以课件、视频片段自主学习为重点

通过"雨课堂"学习平台实时发布复习课件，让全班学生通过自主学习掌握自己每篇课文中的句型，与课文语境互动结合，并进行课后的语文复习，写课后的语文作业。作业的实时提交，可以获得即时自动的问题批改及作业反馈。教师还可以根据在校同学每天答题的实时数据，向他们及时推送各种类型的期末复习辅导材料或者预测试卷，真正做到因材施教。学生也同样可以在网上随时通过"雨课堂"的"私信"或"不懂"等多种功能，用这款智慧平板手机及时发表自己的学习生活感受与心中存在的疑问，进行学习总结与自我反思。

（四）预设课程目标与预习设计

在课堂教学课程目标的具体设计中，教师往往需要根据学生每节课的教学特点合理安排课堂教学内容的重、难点，基于"雨课堂"来确定具体课堂教学课程目标。这些预习课件主要是在学校原有课件的基础上不断加以优化和完善，保证学生在课前就已经看过教师发送的预习课件，能够及时进行课前预习。任课教师要按分工把每个课堂的测试整体设计编辑好后进行分享。该参考试卷由主观单项填空题和客观单项选择题组成。主观性练习题主要根据每套教材各一个单元的主要重点题和知识点情况作出综合设计与整理编辑而成的。主观题型应设5~10道题，客观题在考试中的题数不能多于20道，尽量按照日

语过级能力考试中的题型要求进行综合设计和编辑。教师也可以向在校学生实时推送试题的详细解析。题数少而精，才能真正做到充分利用学生的碎片化的学习时间，随时随地用智能移动终端学习答题，做到了网络学习的泛在性、自主化。

（五）基于"雨课堂"的统计资料，对学生平时的考试成绩进行客观评价

基于"雨课堂"的新型智慧课堂教学模式，教师还可以通过任务完成情况、章节训练能力测试、视频观察能力测试、视频拍摄数量的统计和分析，对每位学生平时成绩情况进行客观的评价，并将其中一些数据作为平时学习成绩的重要参照和依据。

第二节　"雨课堂"平台的介入应用

教育信息化在现代信息技术快速进步和发展的今天已经成为一种必然趋势，信息技术的广泛应用使传统的以教师为教学中心的课堂教学模式发生改变，这无疑是一种全新的教学模式，它能够有效地将我们传统的课堂教学与现代网络教学完美结合在一起，而且"雨课堂"为混合式教学提供了一种在线学习的平台环境。"雨课堂"是一种充分运用云计算理念和云技术来打造的远程实时教学模式，基于互联网的高度便捷性给广大学习者带来了一种更为灵活的进行学习和体验课堂的方式，同时让师生之间的互动更加便利。

同时，借助云课堂的技术打破了传统的时间与空间约束，让广大学生的课外活动和学习过程变得更为自由，在互联网平台上能够获得充裕的信息和资源，以便随时进行学习，以及课后的温习与再次学习。

在我国现代信息化发展变革的大背景下，日语可以作为课程体系中的一门专业性较强的基础性课程来进行讲解，其目的是培养满足现代社会需求的日语人才。由于我国大部分地区的传统教学模式中还存在着明显的缺陷，无法从根本上培养出能够满足需要的日语人才，由此进行了线上、线下混合式的教学模式研究和探索，借助现代信息技术手段，优化教学流程，以达到提升日语人才的培训效果。

一、当前高校日语教学的某些现况与问题

日语是国内外语教学的第二大语种，传统的纸质化教学资源仍然有着巨大的市场竞争优势。日语专业课程，特别是日语专业课程的体系配置相对完备。但是，当下日语教学普遍存在着课堂教学内容陈旧、重复、更新缓慢的现象。传统的日语教材仅仅涉及了百科上一些具有高度普及性的有关日本文化介绍和与之密切相关的日本常识，而没有充分介绍有关日本明治时代以来政治社会、政治经济与历史文化的最新科学研究成果以及日语教学基础知识点的介绍。传统课堂教学很难满足大学生在增长深化的知识需要。

此外，和国内其他多个语种的外文教学一样，日语课堂的教学始终还是存在着读、写、翻、听、说等方面的问题与外语教学中的有关人员进行语言交流沟通技巧培养的宗旨相悖。

二、新媒体融入高校日语教学的理论可行性

2017 年年度中国大学日语课堂教育教学研究发展总报中的综述中的一些教学相关研究资料表明："利用网络资源的课堂教学研究、翻转课堂、微课、移动技术等，利用现代信息化手段的'移动互联网＋'模式日语课堂教学研究正悄然兴起。"新媒体教学工作领域研究的发展是我国科技融入高校教育的一个必然结果与发展趋势。从目前的情况来看新媒体教学的广泛运用给我们带来了很好的教学效果，并已发展成为评价各大民办和私人教育企业的教学质量和水平的一个重要依据和标准。即便是在一些公立的教育服务机构里，新媒体行业也已经发展成为督促学生自主学习，关联班级课上、课下，联系教师、学生和家长之间交流手段。与初级教育、中等教育相比，目前我国高等教育信息传播的新媒介化还没有被真正引入，然而，在其他高等教育领域中已经应用到的新媒体技术，已经展开的新媒体教学实践，已经获取的新媒体教学经验都能够用于教学改革。

从理论上讲，新媒体带来的广泛受众认可和接纳方式的转变更加契合当下中国大学生的日常学习与生活。其带给我们的多媒体化信息的融合，更加契合青年群众的审美兴趣。与传统的教学内容不同，新媒体教学很好地丰富了学生的课程内容。而且，使用新媒体教育课件互动教学所带来的另一个显著教学优势之一就是它具有很强的互动性和可塑性。新媒体在线教育平台通过一些方法可以在一定程度上充分调动和激起广大学生的课外自主知识学习热情、积极性和教学活动的积极参与感。另外，通过新媒体课堂教学给教师和在校同学也

都带来了更为安全、机动灵活的学科课程课堂教学。新媒体把我国传统的大学面授型教育课堂教学与以电子报刊、广播、电视等渠道进行了有机结合。从其本质上来讲，一方面中国数字网络新媒体的快速发展远远优于其他现代传统媒体。另一方面是因为网络具有无国界性、即时性、互动性，能够实现让许多受众同时享有并得到个性化丰富的网络信息共享服务。这一点与当下"以促进学生成长为教育中心"的德育教学模式理念相呼应。可以这么说，各种新媒体已经逐步通过现代科技将我们的学校教育学习活的主体即所有教师与全体学生，教育教学时间上的课前、课中与课后，教育教学空间上的课上与课下、教育教学工具上的白板、手机与电脑，教育教学内容上的教学图片与书本与课外活动，有效而紧密地结合在了一起。这种网络化教学模式能够有效弥补传统课堂教学方法的缺陷与弊端，并且在现代新媒体科学技术的持续创新、融合与促进下，已经成为今后网络化教学改革与发展的一个重点。

三、新媒体在高校日语教学实践中的实施例证

根据《国家中长期教育改革和发展规划纲要（2010—2020 年）》，我们首次尝试改变传统的日语新媒体教学形式并将其应用到日语教育课堂教学改革工作及其实践中，旨在通过培养和不断提高我校目前的日语教师综合理论素养和教学水平，提升学生的实际学习效果。日语任课教师将最新的日语信息处理技术和教学知识成果应用于日常的日语教学管理工作以及实践中来。

（一）关于微信和微信公众平台对于日语课堂教学中的应用

微信已经逐渐成为中国大学生在日常生活中所必需且重要的一种网络学习与日常生活沟通方式。近些年来，在学校微信官方公众号及各平台上已经发布并陆续推出的各类日语教育学习微信公众号及小程序，给广大热爱日语的学习者提供了丰富的日语课堂教学资源与日语实践技能培训。在此次日语教改工作的主题实践交流活动中，除了通过充分利用目前学校已有的各种日语教育学习公共服务平台资源来充分满足在校学生的各种多元化日语学习活动需要外，我们的日语教改工作小组也在整合各学校日语教育学习公共服务平台现有资源的前提下，推出了一套符合学校日语学习群体需要的公共学习平台。在此服务平台上，我们很好地为学生进行知识资源整合管理，并且我们还推出了涵盖学生所学习的课本知识之外的自测练习和知识探索功能。例如，在这个讲解平台上我们就已经推出了动漫语法讲解，把以前课本上的一些大块的语法知识进行划分来作为一些小的课本动漫语法知识点。这在一定程度上改变了目前中国年轻

日语学生对日语基本语法枯燥、难懂的错误认识和学习成见，打破了年轻日语学生对日语基本语法深入学习的恐惧和强烈的抵触情绪。我们充分运用当地微信社区以及群聊平台优势来重新构建一个新的日语教育视角。学生和教师相互配合一起参与其中，并且学生只能使用英语和日语进行文字、语音、视频等信息交流。由于学校微信上的日语课的课程目标具有虚拟化、开放性、非授课时限定制化的特点，因此学生参与其中的学习热情非常旺盛。日语教师一手构建的这个日语聊天交流平台不仅已经成为师生的交流渠道，还能帮助和鼓励中国大学生在一些适合日常生活的语言表述环境中通过开口和演讲的交流方式学习日语。它不仅有效拉近了其他学生与任课教师之间的心理实际距离，锻炼了任课教师和其他学生的良好语言表达能力，也充分激发了他们对学习日语的感性思维。

（二）"雨课堂"在日语课堂教学管理中的使用

"雨课堂"终端将 Word、Powerpoint、Excel、Windowsplayer 等各种传统多媒体教学应用工具与音视频、"微信"等各种大型新媒体教学应用工具融为一体，是综合性大型智能化网络教育教学终端，且已经成功出现在国内高校的各类教学活动中。在此次教改工作的实践活动中，为了充分发挥网络新媒体课堂教学的功效、管控网络课堂教学的全流程、密切地联系线上及线下进行学习，我们把"雨课堂"教学模式运用到了课堂教学中。学生对"雨课堂"的教育模式很感兴趣。

第三节　"雨课堂"平台与日语教学

雨课堂是中国清华大学在线教育办公室与"学堂在线"共同研发的新型课程智能化课堂教学管理工具。雨课堂的教学操作简便，只需要一个 PPT 和一个微信账号就可轻松实现对教学活动进行全过程的自动控制，同时能够轻松实现在校师生之间的实时互动，提高在校学生的学习积极性和教学活动的整体参与度。基于新型雨课堂而精心设计的混合式雨课堂教学，其主要课程分为课前预习、课堂教学交流与学生互动及课后教学资源的整合拓展和绩效检测三个教学环节。

一、"雨课堂"平台

"雨课堂"的优势如下。

第一，使用方便，可行性也比较高。"雨课堂"尤其是对于全体师生而言，它其实是一个很简单的教学平台。不必担心需要任何复杂的程序，只需要将其直接嵌入到 PPT 中，利用微信，就能轻松完成一个线上、线下的混合式互动授课。

第二，学生之间的互动十分丰富，并且能够轻松地实现一次翻转。在雨课堂中，教师可以随机点名，学生也可以通过实时回答问题、发送一些弹幕来与他人进行交流和讨论，对不懂的 PPT 也可以直接点击看不懂，进行评论和投稿等。在课堂的许多环节中，我们都可以直接实现翻转，既调动了学生的兴趣和积极性，也方便教师及时把握和了解学生的学习情况。

第三，每次课程完成后，雨课堂都会向教师发送一份关于课程的报告，教师可以直接点击查看，就能了解学生的实际学习情况，比如对习题的讲授情况，对 PPT 中的知识点"不懂"的同学数量等。所以，数据分析汇总报告可以很好地帮助教师在课下及时对教学中出现的问题进行分析与反思，从而提高自己的教育能力。

因此，"雨课堂"把课前课后、线上线下都紧密地连接在一起，为教师改善教学行为、学生的自主学习提供了一个有利的途径。

（一）课前自主学习

"雨课堂"能够有效解决教学内容不正确或错误的问题，通过"雨课堂"提前给学生发布预习任务，并且上传预习数据，学生也可以通过课前网络选择的教学资源来帮助他们进行自主学习，教师则是通过雨课堂随时掌握学生的自学情况，为接下来的线下课堂和教学各环节作好准备，从而极大地节约了课堂教学的时间。同时，"雨课堂"的"课程"管理功能也可以有效地将各种专业和技术背景的影响因素综合考量出来，在"雨课堂"上为教师创建好一个专业化的管理和信息综合。

（二）课堂教学互动

案例分析法在日语的教学中是比较重要的一环，课程中的每一个章节都会有配套的案例需要全体学生去把握，而传统的案例分析教学模式导致了案例分析教学的针对性和力度远远不够。应将案例分析的核心内容以线下课堂的方式展开，进行案例教学，让全体同学以小组的方式展开对整个案例的深入分析和讨论。在这个教学过程中，教师运用"雨课堂"的弹幕、投票等功能对学生展开案例探究，不仅可以充分调动学生学习的主动性和积极性，活跃课堂的气氛，还可以使教师直观地接收学生对知识点掌握程度，实时监控学生的学习状态。

（三）课后资源拓展与检测

为了充分帮助广大学生巩固所学的知识点，课后的教育实践活动也被认为是混合式课堂教学的重要组成环节。在我们完成一个小的章节或者一个小的阶段课堂教学后，为了拓展广大学生的知识面，我们需要借助"雨课堂"定期检测，给学生推送练习题，雨课堂所要支持的主体题型很丰富，不仅包括单选、多选、填空等客观题，还包括简答、分析等开放性试题，学生及时完成各项作业并提交，"雨课堂"的教学统计功能可以快速呈现各道题目的完成情况。例如，以章节为主体，每一章节课程结束后，教师向全体学生介绍日语应用体系以此来加深学生对基础知识的掌握。同时，教师还希望学生可以在课堂上积极回答问题，对学生作业的完成情况进行讲评，使学生明确自己所掌握的知识，并根据教师的讲评查漏补缺，巩固所学的知识。

二、"雨课堂"自主学习的必要性及意义

当今，科技水平飞速发展，我们也走进了一个大数据的时代，单靠在学校里所学的知识已经远远不够，学生必须要学会自主掌握和学习新的知识，扩充自己的知识面、丰富自己的想象力、增强创造性的思维，这种自主学习的能力同样也是当代大学生最需要具备的一项基本素质。我们究竟应该如何培养优秀的学生，我们的优秀学生是否真正具有市场竞争力和开拓潜力，从根本上来说，取决于他们能否真正具有独立自主学习的能力。因此，在教育课堂的实施过程中，应该引起更多的重视，让学生学会独立学习。而在日语教学中，教师往往为了更好地完成其教学目标，往往局限于传统的课堂教学模式，不注重培养学生的独立自主学习能力，只是把一些书本上的知识直接讲授给学生，这样难以提高学生的综合能力。

（一）雨课堂、微信打卡等互联网平台导入

在传统的课堂中，教师基本上都是以教授为主，有可能还会出现这样的情况，即使教师已经把所有的知识都阐述清楚，但是教师却没有让学生理解清楚，这主要是由于教师没有及时从网络上获得学生学习的反馈信息。虽然，我们可以利用提问或者回答的教学方式、观看学生的肢体表情、调动课堂上的学习氛围等多种教学手段对其进行反馈和分析，但是是碎片化的，无法使学生全面掌握所学知识。另外，传统的课堂中，教师和学生都需要固定的教学进度共

同完成对知识的获取和传递，由于课堂中学生的认知程度都是不一样的，因此很难合理调节教师的讲课时间和进度以更好地适应每位学生。

采用内部互动课堂、微信在线打卡等多种互动后，教师希望可以通过互动，了解每位听课学生对之前教师所教授课程内容的基本理解与实际掌握情况。推送的试题内容可能仅仅是一个考试题目，也可能仅仅是一个课本的试题内容。学生希望可以及时了解自己做题时的操作，以便于教师帮助各位学生及时调整自己当前的学习状态。这样就会使大多数学生与教师的上课时的进度相匹配，课堂的效益也就会大大提升。

（二）日语角等相关活动的开展

学以致用，即将学生目前所学到的语言基础知识和综合能力应用于国际实践，这就是学生学习国际语言专业的最终目标。学习者因为社会气氛和生活环境等各种原因，很少在生活中使用一些日语单词进行语言表达。因此，可以开展相关的活动，提高学习者的日语表达能力。以学生演讲、话剧或者古典声乐作为配音的表现形式，活动形式多种多样，外教精心设计的各种教学活动可以让全体学生在轻松、无任何心理压力的情况下学习，激发了学生学习的主动性，提高了学习的效率，弥补了课堂的不足。

（三）按时课前发表

传统的教学以专业的教师讲授为主，课程从最初的设计至最终结束基本上都是教师在讲台上演示，"填鸭式"教学在当代化的教学中促使学生必须接受其感情。让学生自己去整理和搜索所学的材料，思考这些问题，把教师提前做好的东西和内容在课堂开始时用10分钟来对其进行发表和讨论，但在这个话题上难免还会遇到很多比较困惑和难于理解与表达的日语问题出现，可以允许学生采用中日文结合的形式，重在培养学生主动独立思考的良好习惯。

（四）分组讨论

在过去以讲授为主的课堂教学中，学生一般都是倾听，边倾听边回忆，甚至有时只能用思考，上课被教师要求安静地听讲，不能和旁边的同伴讨论。当然，保证课堂的活动得以顺利进行也是必要的，但如果在课堂上没有同学之间的互动，对于学生来说，可能就会太"轻松"了。在每个班级里，按照学生的比例和实际学习状态等情况，进行分组，在课堂上，设置讨论的内容和研究时间，以小组的方式让学生展开研究性的讨论，最后发表讨论结果。在讨论的过程中，让学生与其他同学之间进行思想碰撞，可以了解到他们是怎么思考的。

（五）线上完成知识点学习

由教师把课堂教学内容仔细地阅读精炼后形成若干个课堂教学的重要知识点，并制作教学视频。每个视频在 20 分钟左右，学生在进行课堂学习前都要观看视频进行学习。这部分授课内容以学生自主学习的方式完成，学生自主安排学习时长、学习地点和学习方式。学生要能够充分掌握自己的学习进度，从而从被动学习转变为主动。此外，除了教学视频以外，教师还可以通过雨课堂平台推送课外拓展学习资料，发布线上讨论话题，引导学生进行更加深入的课外学习。课堂教学以学生参与为主。学生通过自主学习的方式完成跨文化交际理论、经典日本文化、各种语言交际策略和非语言交际行为的学习。课堂上的教学就是教师与学生共同探讨，通过各种形式的文化活动和练习将知识内化，以提高跨文化交际意识和交际能力。教师应该根据学生所要掌握的教学知识点，设计并组织丰富多彩的传统文化活动，增加其教学的兴趣和内容，激发广大学生的学习兴趣，达到提高教学效果的目的。总之，文化的习得是一个循序渐进的过程，跨文化交际意识的培养也是如此。教师应该根据实际条件设计体现语言交际性和实践性的课堂活动，学生通过参与课堂活动既可以体会文化差异又可以提高语言的熟练程度。

对大学生的日语自主学习能力的培养与其实践性的研究虽然才进行了一年，但是事实可以表明这些具有辅助性的模式对于教学工作来说是非常有意义的，对提升学生的综合能力和素养是行之有效的，让课堂"活"了起来，学生积极地参与到课堂中去，讨论并且提出问题，自主解决问题，从而提高了学习的效率。当然，对教学课件的制作方而言，教师又一次提出了更高的技术要求，如何设计制作有效的课件，也是教师需要认真思考的一个问题，作为一名教师，应该认真地思考和探索好的教育手段和方式，并积极进行相关的课程改革。培养学生独立自主的学习能力，任重而道远，也许这将是一个漫长而紧迫的过程，虽然现在还未能达到我们所预期的目标，但是我们将继续努力进行教学改革，去寻找更加合理有效的教学措施。

"雨课堂"作为一种简单易行、高效的智慧化教学工具，在实践性的教学中虽然得到了全体师生的一致赞赏和好评。但是，在实际的应用中还存在着如下几个问题。第一，有些同学反映，专注于弹幕会影响听课的兴趣和专注度。因此，教师应严格限制每个学生发弹幕的数量和频率，如一次课只能设置 5 次的演示弹幕来讨论一个话题，除此之外，不允许任何一个学生随意发弹幕；第二，雨课堂所提供的信息资源库有限，教师在进行课件的制作和习题的录入上都需要投入大量的时间和人力；第三，由于"雨课堂"的应用必须借助于手机，所以仍然会有部分学生以使用这个信息平台为借口在课堂上玩弄自己的手机，教师很难把握学生在课堂上是否在真正地运用手机进行学习。

第四节　"雨课堂"平台的优势

　　理想化的课堂教学方式不应该是以教师讲解为主，而是以学生练习为主。特别是跨文化交际课程的最终目的是增强学生对日本文化的理解和提高跨文化交际能力，因此近年来兴起的"雨课堂"线上线下混合式教学是较为理想的授课模式。雨课堂是由中国清华大学和"学堂在线"联合开发的新型企业现代化课堂教学管理工具，通过将其在线课堂教学融入了手机等现代互联网移动信息处理技术，科学有效地将课前、课上、课后教学融为一体，能够真正实现以广大学生为主体的全新的可翻转式课堂教学管理模式。在开始课堂教学前，教师不仅可以直接结合课程讲解或结合课程内容实例来制作课堂教学的视频和学习课件，学生甚至也可以直接借助雨课堂教学平台来进行课堂自学。课堂主要讲解三个环节，教师可以更有针对性地定期进行重点和难点的讲解，同时通过丰富多彩的课堂实践活动来更有组织地检查学生对各个知识点的综合把握情况，从而极大地提高了学生在实践中的综合应用思维能力。在课后复习时，教师为学生推送练习题和拓展资料。总而言之，雨课堂平台的使用能够使课堂教学工作变得更加高效，并最大化地提升教学质量，实现师生之间互动学习，突出以"教师为主导，学生为主体"的创新性教学模式。

　　翻转式的课堂教学模式的问世给教学变革工作带来了一个新的方向。由于传统课堂教学中受时间与空间的限制，而这些局限性在移动化学习平台的诞生后得到了很好的解决。师生的交流可以随时随地地进行，教学的内容可以随手添加，巨大的网络资源和雨后春笋般冒出来的学习 App 给师生提供了更多的学习便利。

一、移动学习的定义与优势

（一）移动学习的定义

　　目前，学界并未对移动课程进行系统、明晰的定义。移动学习是指在一种设备帮助下的能够在任何时间、任何地点发生的学习。移动学习所使用的移动计算设备必须能够有效地显现学习内容并且提供教师和学习者之间的双向交流。总而言之，移动学习包含以下三点。

①传统的移动性学习。学习者只有在不固定的时间或场所才能进行自主学习，等车辆或排队时候就可以去学，各种零碎时间只要你愿意都可以直接拿出自己的手机来继续学习。②学习者与移动设备上的学习内容之间应该是相互的。学习者对自己存在疑问的地方可以直接通过点评或者反馈的方式来得到解答，而且移动化学习的内容也会根据每个学习者的需求来进行调整。③需要专业技术支持的学习平台。

目前，我国已经正式步入"互联网＋教育"的全新时代，数字化教学和信息网络技术被大规模应用，开启更为多元化的高等教育教学发展新模式。我国目前在线远程教学技术手段日新月异，采用"雨课堂"的方式进行远程在线授课，可以彻底克服传统网络上的课堂互动性资源不足、缺少授课教师远程监督等各种问题，能够真正做到教学效果最大化，并满足传统课堂的在线教学要求，实现远程模拟仿真的在线课堂教学。

（二）移动学习的优势

移动式学习主要具备以下优势：①在学习过程中位置灵活。②移动装置必须能被携带。而且相对于计算机，学生使用智能手机和 ipad 的频次越来越多。③网络学习的资源丰富。各大网络平台以及学习 App 均提供了让学生根据自身的需求来选择所学习的内容。④基于移动装置的教师和学生、同伴和学生之间的交流变得更加便捷、及时。

二、运用"雨课堂"远程教学的优势分析

"雨课堂"教学系统软件作为一款轻量级的"智慧教学工具箱"，被广泛地运用在当前课堂教学中，它将教师的具体教学指导理念和授课方法转化成了一种可以直接反馈的具体课堂教学活动。"雨课堂"是在企业大数据和现代云计算技术的支撑下逐步成长起来的新型企业数字化课堂教学管理工具，其本身拥有巨大优势。

（一）突破空间和时间隔阂，实现集中式授课

通过手机二维码直播形式直接邀请课堂全体学生参与直播进入随机课堂，开启通过语音或是数字视频实时直播的远程授课，配合随机课堂点名、查看课堂签到等多种方式及时监督全体学生的课堂表现和出勤，保证了远程教师集中监控授课，达到了健全规范高校课堂教学管理秩序的基本要求。"雨课堂"充分利用了高校数字化信息技术，彻底解决了师生时空的隔阂，高校不仅真正做到了全体师生"同上一门课"，还使高校课堂实现了师生之间的信息互动，在

充分满足了教师作为课堂活动的具体组织者、回答者和合法监护人身份要求的同时，也极大地提高了全体学生的自我观察力，优化了课堂体验。

（二）开创"双向反馈"式教学，让学生身临其境

教师可以利用网上投放的手机习题检测功能对学生学习后的效果进行实时检测，如有重点习题可以进行启发式的习题讲解。教师还允许学生自动开启弹幕，集中性地回答每位学生的疑惑，当课程完成，学生也同样可以直接通过"雨课堂"的私信服务功能向教师继续询问和请教。教师可以运用"雨课堂"的多种形式将其转化成一个科学的课堂，形成"你问我答""有问有答"的"双向反馈"机制。

三、"雨课堂"远程授课的应用价值分析

"雨课堂"被普遍认为是"互联网＋教育"的高度科学性和技术创新下的产物，有助于我们加快开展"以学生为中心"的教育课堂教学模式变革。倒逼课堂教学模式由单向知识灌输的"传统课堂"向混合式"智慧课堂"转变。运用"雨课堂"的远程视频讲解方式能有效实现"学习不延期"，在当下具有重大的社会现实意义和广泛的实际应用价值。

（一）保障教学评价工作有序有效进行

"雨课堂"在现代课堂教学的发展过程中需要教师提供的不仅是一种智能化、数据化的教学信息技术支撑，还应彻底弥补大量教学资料的缺失。在远程教学中我们可以借助"雨课堂"特有的远程数据采集管理功能以课堂学习报告和课程数据分析统计报表两种形式获得学生课前、课上、课后各个环节的学习数据。

（二）通过线上思政育人为学生提供心理支持

网络授课不仅能为学生提供优质的教学和服务，还为学生提供一种人文关怀，学生在课堂上的互动中不断启迪自己的思维、塑造自己的品格，这些都对学生的心理健康产生了重要的影响。

教师借助"雨课堂"进行教学过程中，以主观分析答案、弹幕演示等教学方法引导全体学生对课堂上存在的问题进行深入讨论，以"雨课堂"的大量教学数据、信息实时反馈等方式深入分析每个学生的生理和心理状态变化，在网络直播课堂中通过互动来引导学生培养积极进取的人生态度，树立良好的人生观、价值观，培育爱国主义情怀。

四、"雨课堂"存在的问题

　　雨课堂在实际教学应用管理过程中存在的缺陷主要有以下两点。①雨课堂的课件编辑必须达到要求并保持使用特定的语言版本，在筹集资金和人力资源方面也有很多的不足。②由于雨课堂的教学内容不断增加，且只能靠平板电脑操作，移动终端备课不方便，时效性稍弱。比如，在一个好的移动网络地点上如果看到一个感兴趣的东西很多人想随手发出来，但却只能后期通过移动计算机或者平板电脑进行编辑后再进行发送。

第七章　其他网络平台与日语教学

第一节　CCtalk 平台与日语教学

网络直播教学是符合当下学情的一种在线教学方式，"CCtalk+ 课堂派"在线平台开展网络直播教学，可以通过对教学过程数据与学生调查数据分析来验证直播教学效果，从而为各高校的在线教学实施提供一定帮助。

CCtalk 是沪江公司旗下推出的一款实时网络互动教育服务平台，能够为独立的知识传授者、分享商和用户提供完备的网络教育工具和平台功能，为求知者提供丰富的知识内容和一起学习的课程与社群环境。它以对学生学习的主体性地位进行研究作为侧重点，能将教师的指导与学生主动学习有效地联系起来，实现了合理、科学、高效的"学为主、教为辅"的育人目标。

一、核心概念

（一）网络直播教学

网络直播教学指借助于网络直播平台进行师生间即时视频与语言交流，以达到接近真实课堂效果的在线教学形式。网络直播教学是近年来新兴的一种教学形态，与传统课堂教学相比，网络直播教学能够突破时空限制，实现异地同步教学；相比推行多年的在线课程教学，网络直播教学具有临场感强、互动性高的优点，但对网络环境要求更高。网络直播教学、在线课程教学、传统教学相互之间并不冲突，往往可以形成优势互补。高校中较为常见的云视频课堂直播学习服务平台主要包括超星云雨视频课堂、超星视频学习一点通、CCtalk、云视频课堂、腾讯视频课堂、腾讯视频会议、钉钉平台、企业微信等。如清华大学教师就采用"雨课堂+腾讯会议"同步嵌套的方式开展在线教学，以保障选课学生与校友的在线学习需求。

（二）CCtalk 实时互动教育平台

CCtalk 是一个开放式的直播平台，使用CCtalk的教学人员被称为"网师"，他们可能是教师，也可能是各界社会人士。CCtalk 互动教育平台核心教学功能主要包括两大模块：一是由师生双向视频、双向白板、桌面分享、举手互动等功能构成的直播教学模块；二是由课程回顾、直播回放、在线作业等功能构成的课后学习模块。相比其他直播教学平台，CCtalk 具备完善的课堂教学及课后学习功能，能够较好地满足高校的网络直播教学要求。

（三）课堂派互动课堂管理平台

课堂派系统是隶属北京爱课互动科技有限公司旗下的一款互动型课堂管理信息化服务平台，主要适用于高等、职业教育领域，基于混合式的教学思想和大数据的教学管理模式，为广大师生群众提供了便捷的班级管理、作业在线审批、成绩汇总分析、课件共享、网上讨论等服务。相比其他网络线下教学平台，课堂派具备了较好的网络线上课堂管理功能，可以让线上教学与传统教学相结合，实现教学的信息化与网络化。此外，课堂派的线上学习功能对网络流量要求较低，对于网络环境较差的学生来说更加具有实用性。"CCtalk+课堂派"的教学模式，一方面是将CCtalk强大的网络直播功能与课堂派良好的课堂管理功能相结合，另一方面也是将高流量需求的直播平台与低流量需求的在线课程平台相结合，让两个教学平台形成优势互补，提供近于真实课堂的教学效果。

二、基于"Cctalk+课堂派"的网络直播教学设计与实施

（一）网络直播教学的设计

由于受到疫情的影响，高校在线教学的环境与方式也发生了实质性的改变，从以前传统的线上课堂教学、现场教学逐渐转变成线上的教学、远程教学，因此在教学设计上，教师需充分考虑以下几个方面：一是确保师生之间的有效沟通与反馈，直播教学无法像传统课堂那样进行面对面交流，因此需要通过多渠道的线上沟通方式来保障教学互动交流，以防止学生出现虚假学习的现象。二是尽量降低网络条件对直播教学的影响，部分偏远地区的学生网络条件较差，往往难以参与到直播教学当中，参与直播教学的学生也可能因网络拥

挤、平台崩溃等因素而影响学习，因此应充分利用课后学习、双平台交互使用、错峰上课等方式来避免网络不畅的问题。三是充分发挥直播教学的独有优势，相比传统课堂教学，网络直播教学的课堂可容纳更多的学生，实现大课堂教学，也可以通过远程连线让各领域人员参与到教学当中，实现开放式教学、校企合作式教学。

（二）网络直播教学的准备

在进行网络直播教学前，需要师生共同做好相关准备工作：一是直播教学平台的准备，师生均需安装 CCtalk、课堂派平台软件并进行注册，为了营造真实教学氛围以及便于班级管理，师生最好通过实名进行注册；二是进行课程建立与班级成员的导入，教师在建好线上课堂之后，根据教学需求将学生导入同一个课堂进行集中式教学，或者分班级导入进行分班式教学；三是直播教学相关硬件设备的准备，教师需要准备好电脑、麦克风、耳机、移动终端、摄像设备、手写板等教学设备，以及网络宽带、路由器等网络设备，以保障直播教学的质量，网络运行质量及稳定性非常重要；四是直播教学素材的准备，包括教学 PPT、教学视频、互动题目、练习作业、在线课程等。在完成相关准备后，教师还需熟悉直播平台的使用方法，最好提前进行试讲来发现教学问题。

（三）直播授课与课堂互动

网络直播教学属于远程教学，直播教学需采取更为积极的互动交流，并对学生情况进行有效把控。直播教学的互动沟通与课堂管控包括以下方式：一是通过 CCtalk 打卡功能或课堂派考勤功能来确定学生在线人数，以保证学生的上课率；二是通过邀请学生"上麦"进行语音交流，开展教学互动与话题讨论；三是通过 CCtalk 讨论弹幕与学生进行文字沟通，教师可提出问题要求学生进行弹幕回复，但需要对弹幕内容进行一定管理；四是通过课堂测试、在线投票、提问等方式进行线上互动教学，也可通过这些环节掌握学生的课堂参与情况，保证直播授课的顺利进行。

（四）校企合作教学的引入

直播课堂教学属于开放式的教学，其中教学的主体也不一定都是学校的教师，也可以是企业里的专家；教学对象也不一定都是学生，也可以对课程感兴趣的社会人士。直播课堂教学的开放性使"人人为师"和"人人为学"成为可能。在本次设计当中，引入了校企合作教学模块，让企业人员参与到直播教学当中来，通过直播平台与学生进行沟通交流，分享工作一线的知识与经验，这也是校企合作教学的一种新尝试。本次校企合作教学采用以下两种方式进行：

一是邀请企业人员加入 CCtalk 直播平台，通过直播连线方式与学生进行实时互动，在这种模式下，企业人员的教学参与度较高，但学校需要提前与企业人员做好对接工作；二是邀请企业人员对教学中的专业问题进行阐述，对学生问题进行解答，并将解答过程通过录播形式在课堂播放，在这种模式下，企业人员在时间上更加自由，更易于实施，但缺少了直播互动的临场感。总的来说，直播教学的运用为校企合作教学带来了新的可能。

（五）课后学习与反馈

由于受到疫情的影响，学生的直播教学是在家中进行，部分偏远地区学生无法保障直播教学的网络条件，因而课后学习是非常重要的环节。直播课堂教学中的课后回顾性学习主要包括两种途径：一是允许学生通过观看 CCtalk 录制的视频来对课堂进行反思性的学习，这种模式下学习的学生可以在课后观看课堂教学的全过程，课后回顾学习效果较好；二是通过课堂派在线课程直接进行自主学习，教师将课件、教学材料直接上传至课堂派当中，学生自主掌握所有的课程内容，此种模式因为缺少教师的讲解，学习效果相对较差，但是对网络流量要求较低，对网络条件不足的学生较为适用；三是通过在线作业布置与反馈来督促学生进行课后学习，这种模式主要依赖于学生的自觉性，但也能对课堂教学进行有效补充。此外，教师还可以根据直播视频中点击次数、网上课程在线学习时长等资料，及时掌握学生课后和网络上的学习状态，以便于获得对教学资料的反馈。

总体来说，在进行直播教学时需注意以下事项：一要确保良好的网络环境，直播教学对网络流量要求较高。如果学生的网络质量较差，难免会影响其教学参与的效果，所以在直播教学时，教师需充分考虑到网络环境的影响，并采取直播回顾、在线课程学习等措施来保证教学实施。二是课堂互动与管控对直播教学效果影响较大，如果师生互动与课堂管控做得不好，学生的学习表现只能依赖其自觉性，直播教学质量会大打折扣。所以教师进行直播教学时需充分利用弹幕互动、语音沟通、打卡考勤、在线测试等方式来加强师生联系。三是网络直播教学对校企合作教学起到促进作用，直播教学可以突破时空的限制，进行传统教学下难以实施的合作式教学，让学生更容易获得企业实践经验。当然，网络直播教学还存在诸多尚未开发的教学模式，值得高校教师进行更多的探索与实践，为国家在线教育的发展贡献力量。

三、CCtalk 背景

"互联网 +"是近些年在我国迅速兴起的新鲜商业事物，随着 2016 年李克强总理在许多重要场合多次畅谈而逐渐发展成为被人们广泛接受讨论、关注的一个热门话题。"互联网 +"的主要内容一般只注重传统服务行业，"互联网 + 数字教育"从近年开始逐渐呈现出旺盛的生命力，成为我国高等学校和中华传统文化教育的重要补充，且为推动中国数字教育经济的快速发展及建设提供了极大的助力。

（一）CCtalk 网络公益平台介绍

CCtalk 是沪江公司旗下的一款直播式教学服务，通过各种大型多屏平台和终端，为广大师生群众提供了一种实时交流与互动的教育服务体验。它完全支持网络聊天，并且拥有一套独立的个人学习核心功能模块，其中主要包括直播的课堂、网上学习、我的选题库、我的工作房、我的班级和课表等多种工具，类动漫表情，界面清爽，操作简单也是其特色。

我国高等教育的方法和形式已经开始发生了巨大的转变，甚至在中国人民政府的一份报告中都明确地提出了在我国高等教育等多个领域助力"互联网 +"。"互联网 + 教育改革"的未来发展道路已经愈加明确。然而，我们要想在基础教育阶段充分利用好"互联网 + 教育"的思路和模式，首先就需要明确其中的利弊，这样才能真正做到"知己知彼，百战不殆"。

（二）CCtalk 网络公益性课堂平台在线教学中的优缺点

以 CCtalk 为主要代表的"互联网 + 教育"存在一定的局限性，在基础教育领域中，在具体进行选择和运用其教育模式时，还是要引起重视。首先，当前"互联网 + 教育"的应用及实施模式依旧处于初步探索阶段，其中必然也会出现一些不规范的现象。例如管理体制的随意性、教学活动参与者的综合素质良莠不齐、对教学者进行考核和评价的体制不健全等。其次，"互联网 + 教育"各类平台对此缺乏有效的监管，擦边球事件屡见不鲜。再次，在线教师的收入在某种程度上已经受到了市场需求的限制，因此很有可能会出现一部分教师暴富的状态，这很有可能会直接导致在线教育中的部分高校优秀教师资源大量流失。

四、CCtalk 网络公益课堂平台教学调整方案

总之，要将以 CCtalk 为主要代表的"互联网 + 教育"这一新的理念和教学方法充分地应用到高等教育中去，在应用时就需要首先对其进行理论性的研

究和论证，并通过适当的研究和实践措施来进行调适，具体问题具体分析，并选择最好的教学路径，助力高等教育课堂。

经过了笔者的多方观察，并在反复阅读了大量的相关文献后，我们发现，对于 CCtalk 的教学模式，我们仍然可以坚持具体问题具体分析的原则，适当地进行扬弃，让新的教育科学技术理论和知识更好地服务于课堂，提升课堂教学质量。总的来说，我们应该从以下几点入手，而做出具体的改变。

第一，师生关系调整。在现代中国传统教育中，我们更多地强调了师道之间的尊严，教师本身就是一个教学的主体，而且学生也就是知识的接收者。新课程改革以后，更加注重和强调了学生在课堂上的主体性，更加强调教师的引领与监督作用。而在"互联网＋教育"的大背景下，教师与学生的角色和地位应该是平等的，都应该是一个学习者，课堂也就变成了一个双主体的结构。

第二，课堂教学内容要求多元化。在我国传统教学条件下，教学内容的具体呈现方式相对比较单一，进入我国新课程改革以后，其呈现的形式也已经越来越多样化。进入"互联网＋教育"的时代后，课堂教学内容的具体表达和呈现方式进一步走向多样化，从而更好地调动了广大学生的兴趣和积极性，给广大学生学习效率的提升带来了更多可能性。

第三，教学中的媒体功能也越来越突出。课堂教学是意识形态与思维之间的互动、交流的最好途径。然而在我国传统教育的大背景下，教学本身往往就会变成一个问题，教学行为的发起者和信息接收者之间的交流互动和信息沟通总是会出现一个问题，即"教"和"知"之间始终都会存在着一种认知差距，而"互联网＋教育"则给学习者提供了一种通向知识本身的机会和可能，在很大程度上可以说降低了认知差。

总之，在以 CCtalk 为主要代表的"互联网＋教育"的大潮下，我国的教育改革势在必行，且这是一个历史性的市场机遇和巨大挑战。如果我们真正做到能够自愿乘坐且主动搭上它的第一辆顺风车，那么它一定会给我国高等学校教育教学事业的健康发展带来一个新的巨大飞跃。

五、CCtalk 优势

（一）具有突破地域性、空间性的特点

CCtalk 可以实时在线进行网络课程授课，学生只要自己拥有一台智能手机、平板或是电脑等能够实时上网的网络移动通信设备，就完全可以随时自由选择他们自己感兴趣的课程学科。目前，美国已经通过网络课程教学使课程得

到快速普及，打破了美国传统教育课程的教学性和地域性的限制，学生也完全可以自由选择自己上课的地方，通过电脑网络，学生可以直接在线进行与其他学科相关的课程学习，大大节省了网络教育资源。通过下载沪江网的 CCtalk 这款通用日语教学软件，学生可以能够结合自己的实际，并且也不一定仅仅将自己的日语知识局限于学校的日语课程中，通过学习日语文化也能够直接获得并学到更多的日语知识。这样他们就能够对目前学校教育资源和管理数据系统进行有效的综合利用、整合，从而为解决学校日语教育资源的分布不均匀性问题提供了最优的解决办法。

（二）具有突破即时性的特点

在过去，除了极少数的特殊教学情况外，一般很少每堂日语课都有教师可以进行课堂视频录像存档的，而互联网信息技术却能够使日语课程教学的课堂视频录像和录音文件的存档管理工作变得简单，这样的日语课堂即时性互动取得了重大突破，不仅可以使学习日语的学生更加方便地随时重温以前学过的日语知识，更加快捷而且高效率地准备进行新的日语课堂学习，同时教师还可以通过对自己的日语课堂教学视频影像录音的分析，对自身的日语课堂教学学习效果进行反思。

六、教学课堂延伸维度

网络在线教育课堂主要采取了教师互动的轮换讲授制，以期达到合理优化和配置教育师资队伍力量的目的。教师轮流授课制，是指同一门专业的学科分别由本系列的几位教师按班级课时、章节讲解内容的一种轮流授课的方式。实践成果证明，实行教师轮换授课制对师生都有好处：就授课教师而言，能大大减少上课的负担，确保授课的质量。另外，实行教师轮换授课制度能够把良性的竞争机制有效地引入课堂教学中。根据不同类型教师的具体教学手段、教学技术能力及其教学风格，让学生作出比较科学、客观地评估、判断与选择，以这种无形的压力推动教师以更大的责任感来对待每节课。同时，CCtalk 平台可以推动教学中的课堂拓展延伸的具体实施战略。下面笔者从以下"两个维度"针对怎样运用 CCtalk 平台来有效地促进数字化教学中的课堂拓展问题进行论述。

（一）教学课堂延伸维度：时空

充分运用现代计算机、摄像头、麦克风及互联网的网络大环境，借助互联网进行视频在线直播的技术平台，突破了网络时空的技术局限。

（1）促使大部分学生通过整合碎片化的时间，自主地把握学习的进度，随时都可以获取自己所需的知识，真正地掌握了学习的自主权。以宽松的学习气氛来代替教师在课堂中的诸多局限性，有效地活跃了学生的思维，促使学生全面地阐述自己的观点、充分地讨论存在的问题，在这种思想与火花之间激烈的碰撞中，既巩固了课内的知识，又扩大了课外实践的能力。

（2）促成了师生之间、家庭之间的隔空连接。在传统的教学中，教师和学生几乎每一个教学活动都只发生在学校，家长很难直接掌握学生在学校里的教育活动。线上的教学模式已经真正达到了对教育形式的一种颠覆。它可以让家长一起积极主动地参与到学生的学习中去，共同分析解决学习中遇到的疑惑和困扰。为家长及时掌握学生的学业发展情况，增进与家校之间的沟通连接提供了一种有效的途径。教师可以展示各自的专长，相互交流、切磋、学习、探索，做到集思广益，取长补短，从而促进教师全面综合素质的发展。就每一个学生而言，要能够亲身接触不同年龄段教师的课堂教学样式和教学手段，增加其新鲜感，提高学习兴趣及对于所学知识点的理解和消化。

（二）教学课堂延伸维度：内容

一方面，传统的教学模式以教材为核心，可以在学校内全面地安排所有的必修课，使学生系统地获得基础知识、掌握基本技巧、接受思想政治教育，这对于我国高等院校教育课堂建设和实施都会起到一定的积极推动作用。但另一方面，它长期地忽略了"兴趣"这一重要的心理因素对学生所产生的影响。尤其是一些与社会发展联系紧密的学科，单纯地传授课本上的知识很难激发和培养学生的自主性。由此可见，传统的教学模式实际上就是一把双刃剑。

相对于目前很多传统的教学模式，线上课堂教学的素材选择极其广泛，凡与课堂教学相关的知识、信息均可以直接转化成线上课堂教学的内容，能满足大多数学生扩展自己知识面的需求。它用一种动态的社会眼光和视野寻找教学内容和社会主义现实生活中的内在联系和契合点，不断地更新教学内容，抓住了学生的注意力，满足了学生对于新生事物的兴趣和好奇心。综上所述，线上教学被认为是一种延伸型的教学方法，从选题的广度和知识的新鲜度这两个方面弥补了传统教学的不足。

第二节 YY平台与日语教学

随着QQ、微博、微信、YY等一系列新型的且具有高度开放性的职业教育信息交流平台在我国高等教育领域得到了广泛的应用，教学模式也逐渐走进了现代移动和工业互联网的新思维时代。国外部分高等教育学校早已开始采取了一种完全依托于互联网的"新型"课堂教学互动手段，即在校学生可以直接借助互联网平台进行课堂自主互动学习，课上与课堂教师之间进行互动交流，课下进行查漏补缺，从而"翻转"了传统的课堂教学。20世纪末，我国的在线教育事业发展初具雏形。

一、"互联网+教育"的优势

（一）覆盖范围广、信息容量大

互联网是一个多种信息资源交互并且依赖于其他各种传播媒介的大型网络，其传播模式与以往传统媒介相比已经呈现出了网状。在线教育凭借互联网和移动信息处理等新一代技术汇集了各种视频、音像、图片、文字等各种不同类型和形式的信息，使每个人的生活都与社会经济发展联系越来越紧密，人们足不出户就能够直接分享自己的网络资源，"地球村"这个理念也正是基于对全球文化的广泛沟通交流和更加深度的融合而被提出的。

（二）内容传播过程即时性、快捷性

相比传统的纸媒教育课堂，网络课堂教学最主要特点之一就是借助这种信息平台实现"人机交互"的传播途径中，突破了传播者与接受者之间的地域性和时间性的限制，交流者也可以通过网络平台迅速地传递和接收信息，并及时做出反馈，以便了解当今世界范围内所发生的一切事情。

二、YY平台

（一）YY平台介绍

随着"互联网+教育"的深入人心，各类大型网络媒体教育服务平台及各种互联网日语教学资源正在我国如雨后春笋般地不断涌现出来。本节以"YY教育"资源平台项目作为典型案例，探讨当前互联网上对教育资源的一种综合开发运用管理方式。"YY教育"语音平台项目是基于移动互联网提供语音教育

服务器和语音工具的大型综合性教育网络平台，其主要功能依托于移动互联网与移动数字化语音信息处理等新一代技术，由中国 YY 教育网站和中国 YY 网络语音教育服务器两个平台共同开发组成。学生还可以通过该平台的网络电子书和语音等多种工具，实现各种在线交流互动。

（二）YY 教育与日语

1. 师生交互性强

YY 网络教育已经可以完全突破了在校教师过于传统的面授课堂教学学习形式，使学生可以随时与教师进行网上互动交流。教师与其他高校学生之间也能通过 YY 平台轻松实现网上的互动沟通，这样既有效增进了学校全体师生之间的人际互动和师生情感，又有效缓解了学校教育资源的使用空间化和分配不均衡的问题。

教师在进行视频教学直播之前，需要先下载一个安装 YY 语音平台的软件。同时师生之间还可以借助"上麦"这一功能进行交流和发言，也就是学生可以用文字或者简单的语言来表达自己的想法。教师还可以根据每个学生的自我认知状态和情况及时地更新所教授的内容，以凸显学生在课堂活动中的主体地位，充分调动学生在课堂活动开展过程中的参与积极性、主动性。

2. 交流方式多样化

目前，YY 在线教育网的在线视频教学软件已经具备了在线视频课程直播、PPT 在线视频演示、图片和文字声音视频直播、"举手"、实时自动录制视频课件、桌面视频拍摄等多种视频教学互动功能，教师可以充分运用其特有的移动互联网信息资源优势来实时模拟与课堂教学活动相关的各种信息内容和教学情境，优化视频教学的课堂教学效果。学生不仅可以随时"举手"或是动手写一些文章，表达自己的困惑；还可以通过平板电脑屏幕上的视频截图功能清晰地实时记录重点学习画面，课下随时可以直接通过观察和学习听取课上录播的教学课程，消化所有遇到的疑难问题，从而大幅度提高学习成绩。

3. 学员共享课程资源

相比其他在线教育网站，YY 教育网站的信息技术优势明显，YY 频道能够同时容纳几万名年轻人在线学习。在线教学课堂活动正常开展时，在充分满足了学生和教师之间进行的双向互动和解决问题的同时，还能够与其他学生实现多向互动。YY 教育给学生网络教育学习提供了一个平台，有利于学生在聆听课程的过程中不断对自身的知识结构和能力进行整合。

三、YY 教育平台在日语教学实践中的应用

YY 在线教育教学平台本身是一种基于互联网的移动在线教学模式，它最大的特点之一就是它充分利用了网络视频、PPT、语言等，实现了多主持人在线回答问题、课程直播中的自动录播、PPT 视频课件等诸多功能，学生可以随时随地分享和免费下载，即使学生错过了一门课程，也可以直接通过他们的日语自学考试方式来轻松完成，在极大地提高了学生获取日语自学考试成绩难度的同时，也有助于学生日语核心能力素养的不断发展。

（一）YY 频道在教师教研方面的应用

教师及其个人的专业成长与发展对学生的事业和生涯具有重大的影响，日语教育科研活动的开展也是高效实施日语教学的必要条件，为实现教师快速成长发展提供了有利的条件。目前我国各个地区之间日语教育的发展呈现出明显的不平衡现象，落后地区的日语教师人员数量和优秀的教学资源都比较少，而且教师培养的方式也主要是外派当地的优秀日语教师到其他学校学习。这些措施尽管已经取得了一些实际效果，但还是存在着培训的机会相对较少、培训期限短、技能获职有限等困难。

一线教师的增多为教师技能培训工作者提供了一个更为真实而又简单的教学案件。教师也可以对各个地区的日语教育理念及其教学模式进行整合，最终找出适合于本校的日语教学模式。

（二）在学生假期中的应用

在日语学习中，许多新知识与学生已经拥有的知识之间的关联较为紧密，所以学生在开始学习新知识之前就必须要针对旧的知识进行复习。YY 教育平台被广泛应用其主要可以划分为以下三种方法。

1.知识衔接，培养兴趣

从日语教学课程的安排和强度不难发现，即使是一个文科专业的班级，教师授课的时间也很少。由于各个地区对于日语的重视程度存在着一定差异，学生日语基本知识的差别比较明显，再加上复习旧知识点所占用的时间较长及其课程知识容量较多。在这样的情况下，日语教师就可以把自己的旧知识和新的知识相互交叉，并借助于 YY 教育在线教学的特色和优势，以网络直播或是录播 PPT 的方式，来提前协调和帮助学生开展一些日语知识的相互衔接和学习，以提升他们对日语的学习兴趣。

2.合作探究，实现共赢

YY 教育频道中一个母频道至少可以设置多个子频道，每一个子频道都由

多名教师和多名人员共同组成，这就等于将一个班级划分为多个教学小组，教师也可以借助 YY 教育频道的主频道和子频道之间的联系设置课程。接下来，笔者将介绍学生参加日语合作探究学习活动时的角色和任务以及具体操作的过程。

（1）明确项目小组负责人。通常情况下，在进行小组内部的人员团队组合时，要选择不同的异质式分组，小组内部的人员之间需要在性别、能力、成绩、个人特点等方面存在差异。

（2）做好基本的知识储备。教师在教授新的知识之前一定要事先搜集背景材料；准备好相应的视频。学生可以通过群公告查看各个小组所要讨论的内容和问题。

（3）清楚工作流程。在本次讨论活动正式开始前，教师首先应该清楚地向学生说出本次小组讨论合作的具体组织流程和操作规则，学生在母频道内部应该有明确的小组分工，并且每一次小组讨论活动完成后，学生在母频道内所需要饰演的各个人物都可能需要相互更换一次，让小组学生在各个班的课程和各个小组的学习中分别深刻感受到不同的工作任务和学习难度，增强小组学生的学习效率。通过小组角色扮演，学生既能集思广益，又能完全具备独立的逻辑思考能力，在小组团队合作协商中达到了互利共赢。

（4）沟通协商。在这次活动的开展中，教师还可以借助 YY 号随时进入任何一个子频道来观察每位学生的言谈和行为，检查每位学生是否按时完成了讨论的任务；当教师发现课文的讨论已经偏离主题时，就要及时帮助学生寻找解决这些问题的途径和方法；及时表扬、鼓励学生，保证各项活动有序地开展；禁止有人故意扰乱学生的行为。

3. 针对训练，答疑解惑

习题培养作为考试中检验学生掌握知识能力的必备手段，一直以来都受到教师的青睐。为了提高学习的效率，教师一般都把每个子频道的学习者人数控制在 6 名左右，每个子频道对任务的规则和设置也会因人而异，子频道的负责人需要清楚地明确各个频道内的学习目标和任务以及完成各种练习任务需要的时间，学生就可以随机地进入子频道来完成自己的练习。

学生在顺利地完成了练习后，可以把不能理解的问题直接通过网站公屏与教师、同学进行讨论，或者是通过微信等方式与他们进行一对一的沟通，也就是学生可以直接通过自己的论坛与其他同学展开更多的讨论，通过教师和学生之间、学生和同伴之间的讨论，交换自己的想法，从而增进了对于新知识的理解。教师可以通过让学生回忆答题卡来实时查看每个学生的作业，发现每个学生在自己学习的过程中存在的问题，及时地调整自己所学的课程。

学生是课堂活动的主体，教师是课堂活动的主导者。在线自动化辅助教学并没有减少或降低日语教师的地位和需求，反而给日语教师提供了一个更好的与学生进行交流的机会，与此同时也对日语教师的电脑技术能力提出了全新的要求。这不仅大大促进了日语专业教师全面素质水平的提高，还极大地完善了日语各个学科的知识结构。"互联网＋教育"通过培养学生、培养师资，为推动我国基础教育的改革发展贡献了力量。因此，笔者认为，"互联网＋教育"在未来的高中教学和基础教育中的应用前景和发展空间将会更加广阔。

第八章　大数据与日语学生自主学习

第一节　日语学生自主学习现状

在这次高中学习的过程中，学生还是对自主学习产生困惑，即便已经步入了大学校园，但是其学习、生活方式还依旧停留在一种传统的普通高中学习模式，没有适应模式转变，目前，由于我国高校日语专业基本都是采用一种日语学习零起点的方式，所以在初期学习时，中国学生的日语学习在新鲜与好奇下大多数都呈现出了一种自主学习的良好状态，但是随着日语课程化的推进，部分中国学生也因此逐渐地走上步步追不上的学习状态，随即逐渐进入了被动的日语学习生活模式。大多数语言学习者都并未形成自己制订语言学习活动计划的一种良好习惯。可见，大学生的社会自主管理能力普遍相对较低，对教育老师的心理依赖程度过高，需要别人的严格监督与合理指导。

如何使学生始终保持对于学习的兴趣，教师扮演着很重要的角色，教师在整个课堂学习过程中能够起到有效地的组织、诱导和协调的作用，利用学习情境因素充分调动学生的自主性、积极性和创造性。

国内外对于外语自主学习研究已经取得了一定的进展，国内许多高校已在此基础上建成或者正在组织和建设独立的外语自主学习研究中心。不过，这些学习中心大部分采用了较为简易的电子设施，存在着对空间和资源的局限性。另外，班级由于人数多，课堂时间紧迫，教师和学生之间的互动和沟通能力不足，导致学生缺乏独自主动地思考和解决问题的能力，自学意识淡薄，欠缺了独立处理和解决实际问题的能力。

随着智能手机等各种移动设备的进一步普及和应用，使随时随地学习外语知识成为一种可能，并且这也是今后我们进行外语教育学习的一个重要趋势。目前，部分学生正在充分利用智能手机作为自主学习的移动终端设备，

我国高校日语专业学生自主学习的现状呈碎片化，具体表现为以下几个方面。

（1）大部分初中生在网上进行自主学习的各种活动方式都可能直接通过各种网络平台实现，如各种不同类型的学校外语自主学习网站、日语自主学习App、日语自主学习微信公众号等，这些都体现了网络上的信息共享资源最大的一个特点，即信息量大，又非常缺乏系统性，从而造成大多数学生都采取了碎片化的方式进行学习。

（2）日语相关专业的部分学生对于积极自主参与学习的整体理解和基本认识还主要停留在以提高日语考试成绩作为主要学习目的的自主学习上，为了顺利参加全国日语专业能力一级、二级资格考试或专四、专八等级资格考试而进行自主学习，学习上的目标单一、功利心强，机械化的日语应试能力学习严重打击了部分学生积极自主参与学习的积极性和日语课程的教学趣味性，最终导致部分学生逐渐产生厌学的不良情绪。通过笔者近两年较长时间的日语实践观察研究可以明显发现，对于日语或者其他日本文化知识拥有浓厚兴趣和学习爱好的，选择继续学习日语专业的都是自主学习能力加的学生。他们的独立自主性和学习日语能力普遍较强，词汇量也相对较大，日语的语言表达更为地道，且其独立学习的日语动力更为持久。究其原因，还是基于学习兴趣而非一种基于功利性的日语学习。这种基于兴趣的学习能够直接带给更多日语学生持久的学习动力。

（3）教师进行有效的引导、协调、监督。许多人都认为自主学习就是一种脱离教师的引导而完全依靠学生自主进行学习，殊不知，教师在促进学生自主学习中一直扮演着引领者、协调员和监护者的重要角色。所以，在学生进行自主学习的过程中，教师的角色作用也是不可忽视的。

随着知识的更新和日益快捷的现代信息化社会要求每个人都保持学习力，并且能够接受最好的教育。这就要求我们在学校教育各个阶段都努力培养学生的独立自主学习能力，为其继续接受终身教育奠定坚实的基础。北京外国语大学的教育理念中的自主独立学习能力是 1981 年提出的，其主要目的是帮助学习者独立管理自己自主学习的心理能力。这种外语学习活动能力的具体表现主要是外语教育学习者在课堂上不仅能有意识地实时确定他们的外语学习活动目

标、内容及学习方法，还可以实时监控他们日常学习外语活动的全过程，准确评价他们的外语学习活动效益。

在当前的中国日语教育领域，由于大多数学生都习惯于传统的以教师为主导的课堂教学模式，其独立自主学习能力常常不尽人意。为了进一步探索学生日语自主学习能力的训练方法，学者对此进行了一些理论和实证研究。例如，钟勇、陈俊森通过游戏课堂教学增强了初级日语学习者对自主学习活动中的主体性认知。陈雨贤采取了一种以教育现代化和互联网为基础技术手段的主动学习和以自主性为导向的创新教学方法，以利于培养广大学生独立自主参与学习的意识、兴趣与良好习惯。史子明、康卉通过不断扩大课后日语学习听力的课程网络化以及自主选择学习日语课程，大力推动了中国学生自主学习日语能力的稳步发展。尹翎鸥、李芳引导日语教学专业的优秀学生在各类第二、第一阶段的日语课堂（学习日语的视角、讲座、外语节和文化节）中不断培养自身的语言自主性和学习日语能力。李雅婷等负责人共同考察了西南商务大学日语教材网络版和自主日语学习培训平台对我国学生自主学习日语能力的有效培养。现代自主学习心理观念中的"自主学习"主要是在现代人本主义学习心理学与现代认知主义心理学这两个学科基础上不断衍生而来的。人本主义下的社会心理学家普遍认为，相对于教师的"教"，学生的"学"更为重要和迫切；现代认知教育心理学还明确地强调，将学生培养成为一个独立、自主、高效率的知识学习者，这一点既是学生教育教学过程实践中的最高教育宗旨，也是学生教育教学过程实践中的一个最终目标。

20世纪80年代，自主学习及其相关理论的研究被广泛引入到外语课堂教学中，其中代表性人物霍尔克（Holker）曾明确指出，自主学习的能力应该是一个学生对自身学习完全负责任的一种能力。20世纪90年代以来，我国大学外语课堂教学的科研目标开始越来越多地关注到学生的独立自主学习技术。国内外专家学者的研究结果发现，在语言学习过程中，学生过度地依赖教师的课堂和讲授将会严重影响其学习的进程和效果，而当前解决这个问题的有效方式之一便是学生必须培养学习者的自主学习能力，对自身的学习工作负责，变被动接受为主动学习。

在教育心理学这个领域，国内外的学者都针对"自主学习"这个概念从各个角度给出了明确的定义。自主学习能力实际上指他们在学习中能够自主地去发现、探索存在的问题。如此一来，学生在参加这样的学习活动之前，能够通过自主确定学习目标、做出相应的学习计划，在其他各项工作开展的过程中也能够自我监测，最终顺利地完成学习的目标。值得注意的一点是，在整个教学过程中，学生都主动参与其中。影响学生自主学习的主要因素为学习动机、学习战略、学习情况。构成课堂教学活动的七个要素中，人才是课堂教学活动的倡议发起者、承担商和维持者，也是最为积极主动的要素。教师的主要活动方式就是讲授，学生的主要活动方式就是学，这是课堂教学的主要活动结构。那么，提高课堂教学效果首先需要充分认识到教师及其他学生在课堂中的重要性。在近代和现代的教育史上，针对教师和学生所从事的教研工作展开了激烈的辩论。一派坚持"学生中心论"，其代表人物是卢梭、杜威。他们比较偏重人本主义，更多地强调在学习活动过程中对学生内因的影响，认为内部因素的改变才能促进学习的行为发生改变。他们认为，每个学生的成长都是一个天然的变革。因而把教师的角色作用当成了外因，被贬低甚至是否定。另一派坚持"教师中心论"，其代表人物是赫尔巴特。他十分强调培养教师的主导权威性及其在教学中的主导支配作用和地位，重视外部环境。认为教师可以利用自己所组织的活动实现教育的目标，促使学生完成自己的学习任务。上述两派观点，各有所偏颇。针对教师和学生的地位，近年来也出现了一些全新的看法。例如，阶段性的主体理论，即在各个阶段的主体之间有所改变。双主体理论，即所有的学生或教师都应该是课堂的主体。其中的主导性理论，即课堂教学的全过程中，教师本身就是一种主导，学生则是一种主体。自主学习的训练需要教师在一定的宏观层面上帮助学生正确地掌握所学的知识与策略，也需要在一定的微观层面上帮助学生建立健康的学习心理。通过研究人员的，我们可以清楚地认识到：教师与学生之间的互动关系是贯穿于整个课堂教学的关键。教与学的关系是一种相互依存、彼此产生影响的关系。在课堂上培养学生独立自主学习的能力，教会学生如何进行自我学习，这也是当今社会对于教学所提出的一种新要求。

而在大多数基础日语课堂教学中，老师为了更好地完成其教学目标和任务，局限于其传统的课堂教学模式，不注重培养和提高学生独立自主的学习能力，仅仅只是把书本上的一些知识直接传授给学生，那么就难以提高其学生的整体综合能力和素养。

在我们传统的课堂中，教师基本上都是以教授为主，有时甚至会出现这样的情况：即使老师已经把所有的课程都阐述清楚，但是学生并没有把它们都学明白，这主要是由于教师没有及时收到学生对其所学的反馈信息。虽然教师可以利用提问等各种方式，通过观察学生的肢体表情、调动课堂上的学习氛围等多种手段对其进行反馈和分析，但还是无法有效掌握学生的整体情况。另外，在传统的课堂中，教师往往会因为需要以某种进度完成对知识的传授，由于每一堂课中学生的理解和认知都存在不同程度上的差异，因此教师很难自己去调整每一节课讲授的进度以满足不同层次的学生要求。

传统的教学以专业的教师讲授为主，课程从开始设计直至最终结束基本上都是教师的课堂，一味"填鸭式"的教学方式在当代化的教学中往往使学生很难理解。并且，学生的被动性和学习倾向容易导致他们对平时的生活也没有多少关心，不会主动地去认识和理解除了学习之外的其他问题。为此，在课前布置上就需要学生充分了解内容，让学生亲身去整理和搜索所学的材料，思考这些问题，把老师已经做好的东西和内容在每天课堂刚刚开始时用 10 分钟左右时间对其进行发表和讨论，但在这个过程中难免会遇到很多难于理解和表达的日语话题，因此允许学生采用中、日文相互结合的形式，重点让学生养成主动独立思考的良好习惯。

教材中的各种对话内容在我们过去的教学模式中，一般都会选择采取让学生按照角色划分朗读或者背诵之后再进行的对话。学生很可能不清楚自己所要掌握的对话背景，也不清楚该对话到底是在什么情况下被使用，因此所学到的内容将会大打折扣。在现在的课件制作中，对话内容采取了动画的方式进行制作，先是让全体学生充分了解到本次对话所需要使用的现实环境和场景，再以小组讨论的形式开展会话，对于对话的内容可以进行适当增减，最后通过表演的形式进行对话。这样的形式一方面极大地增加了学生在活动中自主掌握和运用对话内容的时间和机会，另一方面也让他们的对话活动具备了娱乐性，更加生动有趣。

外语学习者的独立自主学习能力受到学习者的年级、潜能、动机、战略、个性等多个因素影响。学习者在学习的过程中常常只是着眼于学习成绩的改善和提高，忽视对学习策略的训练与培养和反思，学习策略培养与积极性的缺乏直接影响到自主学习能力的获取与提升，而自主学习能力的缺失则直接影响到学习的目标与效果。"授人以鱼不如授人以渔"，作为课堂的教学者和专家学者更多地应该密切关注自主学习策略在培养学生自主学习能力方面的重要性。

在学校课堂教学中需要创设一个有利于引导广大学生独立自主进行学生自主学术探究的学习环境，帮助他们逐步树立独立自主科学探究的良好信心。在长期进行学生自主学习能力培养训练的过程中，还要特别注意如何培养学生的学习兴趣、爱好以及坚韧不拔的顽强毅力。

第二节　大数据与自主学习

　　当今社会随着信息技术的快速发展，以及信息数据和网络资源的不断丰富，信息网络对我们的工作和生活产生了深远的影响，不仅改变了我们的工作和生活方式，还有利于我们的学习和交流。信息技术的进步和发展，不仅为我们提供了日常生活和工作上的便捷，还为高等院校的日语课程带来了深远的影响。以教师指导为中心的传统课堂教学模式已经不能满足信息化时代背景下学生的自主性和学习能力训练的需求。由于课堂教学条件以及对学生的自主探究和学习能力提高的局限，传统外语课堂教学模式无法为广大学生创设实际语言表达和学习情境，难以适应新形势下对人才培养的需求。同时，教育部还明确指出，新的课程教学模式在设计上应该以现代信息技术尤其是互联网技术作为基础和支撑，使我国大学外语教与学工作可以完全免除时空变迁的束缚，朝着个性化、自主学习的方向进行。

　　网络资源的丰富为日语教学带来了一个新的发展契机，让我们的日语教学逐步改变了传统的教育观念，对其教学模式也进行了革命性的创新。通过充分运用互联网，丰富了教学资源，让我们的日语课程与社会实践紧密地联系在一起，从而有助于培养学生的综合应用能力。当今社会对专业技术人才的要求也越来越高，需要他们能够在这个信息时代的大背景下，将自己的知识更好地应用到实际工作中。在现代日语的教学中，必须引导和重视网络技术资源的综合运用，充分利用网络技术资源丰富学生的想象力，提升他们实际使用日语的水平。

　　网络教学的资源能够更加宽泛地为每个学生随时提供学习信息，学生完全可以不受学习时间的限制，借助移动互联网技术完成各种学习。由于网络化日语教学的信息和学习资源的主要内容数量相对来说比较少，因此可以直接通过一些针对性的方式给出一些信息补充，如通过网络化的日语语音聊天学习软件、日语教学书籍阅读写作和日语练习软件直接帮助他们快速提升日语学习兴趣。通过不断地学习日语知识点，接触各种网络日语教学资源，能有效提升日语学习者对日语的正确理解。

　　在当前的微课、慕课网络信息化时代背景下，学习者可以直接通过各类智能终端，自主选择微课、慕课网络教学资源，使学习更"泛在化"。过去单纯的翻转式课堂教学模式正逐渐趋向劣势，融合了线上、线下教学的混合式课程教学模式，越来越广泛地应用到高校的教育教学中。混合式学习充分结合了传统的课堂教学与在线学习两大优点，有效混合了各种学习媒介、学习方式、学习情况及学习内容等元素。混合式的教学模式是在线与面授教学的混合，是多种先进科学与技术的混合，是传统的实体资源和互联网数字资源的混合，更是一种包括基于行为主义、认知主义、建构主义等各种教学理论的混合。混合式教学注重教师的主导作用和学生主体性功能作用的充分发挥，有利于培养学生的综合技能、信息素养和自主创新能力，符合人类认知的规律，能够充分激发学生的强大学习动机和浓厚的学习兴趣，有效地提高了学习的效率，该教学模式也很好地适应了时代发展的要求。

无论是微课还是慕课等资源都比较稀缺。微课指某个知识点的教学内容和所要实施的各种教学内容之间的综合统称，它们可以根据一定的教学目标组织教学内容，按一定的教学战略设计各种教学活动。微课"微"而"精"，注重学堂课程设计，突出了师生学习主动目标，既十分有利于引导教师在学前课堂上主动传授教学需要的基础知识，又十分有利于引导学生在课后主动进行课前自主综合学习。因此，制作一个新型的日语微课，创造一个新型网络课程教学管理平台及视频教学资源库，探索一种新型的高校基础大学日语课混合式课程教学管理模型，成为当前教育信息化背景下我国基础高校日语课程混合教学模式变革的一个必然趋势。

同其他的语言文字教学一样，日语文字教学同样应该注意对学生听、说、读、写等综合能力的训练，这也正是我们进行日语文字教学工作的关键所在。现在社会上人们对学生的需求也越来越高，最近几年虽然日语类的专业性课程渐趋增多，但是日语教学的实际工作效率与水平依旧十分有限。一方面，日语的教学深度受到了日语专业课程的影响，很多学生都缺乏日语学习的理论基础，使学校日语教学工作的开展变得相对困难，另一方面，由于日语专业的教师本身的综合素质水平非常有限，学生也没办法构建一个良好的日语语言环境，学校日语教学质量受到了很大的限制。随着我国的网络普及度的逐步提升，在教育事业中互联网技术发挥了许多重要的作用。在现代日语教学中，网络资源将会发展成为一种技术性的支撑，并且成为大学生的必要学习资源。在大量多媒体和电脑等计算机技术的支持下，网络信息资源的收集与获得及运用都非常方便，利用大量计算机和电脑等多媒体能够方便迅捷地收集和使用信息，不仅能让广大学生通过网络学习日语，还能够让广大学生在日语课堂上运用到丰富的资料和信息，学生可以更加轻松地接受和掌握新的知识。网络学习资源具有很多其他书本没有的功能，利用有趣的网络图片或是网络影像中的材料就可以充分激发大部分日语学生对于日语学习的兴趣，让大部分日语学生不再因为学习受到时间和学习场合的诸多限制，可以随时随地通过网络学习资源平台进行日语的学习。对于那些对日语有着强烈学习兴趣的大学生而言，他们可以充分运用国际互联网的信息资源，进行更加广泛的日语学习，从而大大提高了他们的自主日语学习能力。网络信息资源十分丰富，包含了人们所需要的各种信息，并且能够在我们在日语课堂上发挥其巨大的作用和价值。网络资源可以充分弥补传统日语课程更新缓慢的缺点，有利于学生及时使用新的知识体系。通过充分利用互联网的资源搭建一个模拟仿真的环境，学生在这种语言环境下可以轻松、愉悦地掌握日语基础知识，这样有利于培养和提高学生对日语的应用能力。

提升网络信息资源运用安全意识。在当前的网络环境中，网络资源已经给我国的日语课堂教学工作者提供了一个庞大的教育资源库，应用这些网络资源开展课堂教学，学校和老师能够进一步提高自身对于网络资源的综合运用能力。首先，学校和老师需要进一步提高网络资源管理工作的重视程度和保障程度，在研究资源挖掘与使用上不仅要加大资金投入力度，还要大力增加自己的网络课程资源。其次，学校一定要高度重视自身的师资队伍建设，积极着手组建一个专业化的团队，该小组中还要有一批具备相关网络技术素材的搜集、软件开发以及系统维修等相关专业技术人才，辅助教师团队建立一套完善的网络教学资源库，从而让优秀的教师进一步提高自己应用网络信息技术资源的效率。比如，学校通过组织教师参加网络资源的创设比赛，利用这个比赛让教师更加注重自己网络资源的运用技巧，在互动与学习中，可以不断地向教师传授网络资源的实际运用方法，为教师提高自身的教学技术水平做好准备。

高度重视日语基础设施建设，注重语言的综合应用。学校还需要有意识地重视维修和更新网络信息资源，对学生所掌握的信息技术资源进行补充，让学生的日语学习信息得到丰富。教师还可以通过使用寓教于乐的形式，为学生提高自己的日语能力打下良好的基础。

使用互联网教学重点强调鼓励学生的自主学习。网络资源能够有效帮助学生在课堂上进行自主学习，教师需要对学生进行引导，帮助学生从课内扩展到课外，让学生通过运用网络资源主动掌握知识，让学生在课堂上和日语学习中都更加灵活。教师在课程中对学生进行引导，可以选择采用布置学习任务的形式，给予学生一个交流和沟通的机会。比如，一名教师在微信社区中要求学生建立一个小组，然后由教师在社区中发布一个网络资源，学生在这个社区小组中进行讨论，将自己存在的问题分析出来。同时，教师也根据学生的兴趣和愿望，轮流加入到学生的研究小组。通过这个微信软件，学生之间能够互相交流，彼此帮助，开展一段新的学习。教师在学生自主学习活动的基础上，可以充分调动其学习的自觉性和主动性，从而更加有效地增强学生的创新性思维。网络资源虽然丰富，但在学习如何利用网络资源时也需要学生具备一定的能力。教师还需要通过学生自主学习能力的训练，使学生能够掌握网络自主学习的能力。其中，包含搜索资源的能力、上传文字资源的能力、收发邮件的能力，以及在网络上参与讨论的能力。因为使用互联网资源进行的学习摆脱了时间、空间的限制，所以学生可以更加灵活地安排自己所需要的学习内容。学生可以在校园里使用移动手机、电脑以及平板等设备学习互联网资源，并利用电子邮件、微信、QQ 等方式与教师和家长进行交流。

长久以往，学生可以不断积累新鲜的日语单词和本土话语，培养他们的日语书写能力，让学生在日语方面的应用能力得到一定程度的提高。日语网络信息资源的应用范围广泛，对于任何具备基础日语学习者均可以适用，可为日语学习者提供自己感兴趣的课程和内容，针对日语学习者的需求提供恰当的教育内容。第一，网络资源不仅需要包含许多关于学习日语基础知识的课程内容，还需要向学生呈现出日语教材中几乎没有的相关新闻、日剧、动画等各个领域方面的课程内容，种类极其丰富，涵盖面非常广，对于促进学生深入了解日本民族和国家的历史、政治、经济以及地区的风土人情具有非常重要的意义，并能充分激发学生自主学习的积极性和愿望，为学习日语专业的中国学生毕业后从事外交和国际贸易奠定了扎实的根基。第二，兴趣是网络学习最好的促进剂，网络资源的存在为学生提供的即时性远远超过其他学习的路径，这也是网络学习资源最大的特点和优势所在，可以第一时间准确地为我们的学习者提供他们感兴趣的热门话题和课程内容，使学生准确地把握最前沿的热门议题，提升他们解决实际问题的意识和能力，调动他们学习的积极性。

随着日语学习者对网络学习资源的深入了解，在完全系统掌握所有日语网络学习基本知识的基础上，网络学习将引导日语学生形成完全自主学习意识，为学生量身制订一套完全个性化的网络学习活动计划，通过网络学习计划目标的准确制订可以找到一种完全符合自身特色的日语网络学习资源，并为其提供一种最佳的学习模式方法。由于大部分日语学习者刚开始使用网络进行学习，还不具备自主选择学习方法的基本技巧，只有先根据现有资源进行学习，才能使日语基础知识得到逐步巩固和不断提高。网络学习资源渠道是真正能够适用于任何一个日语语言学习者的一种有效的日语学习渠道，为了能够使日语学习者直接从国际网络上获得与其相关联的日本历史资料和学习信息，可以培养其自主进行学习的综合能力，学生通过移动端和互联网可以随时随地接触并得到有关日本的最新动态信息，丰富日语学习的课程内容，而不再单纯依托传统日语课程掌握日本国家历史和国际社会重大事件的情况。

学习使用外语时，不需要充分凸显学习语言的互动性和交流性的作用。日语的国际学习者若是能够安全舒适地置身于一种单纯学习日语的国际教学学习环境当中，无疑将大大地提高他们的日语学习水平。网络平台开发了很多新的渠道方式可以帮助其完成这项服务。如通过利用"雅虎日本"官方网站的"新闻"以及专栏直播服务等功能可以使我们轻松地随时掌握日本的国际政治、经济、文化、科技、体育等每日的国际新闻动态，学习最前沿的国际知识，扩展自己的国际视野。网络公开渠道播放的现代日本日语影视剧、纪录片等，这些视频中的内容已经在一定程度上真实还原了现代日本本国民众的日常生活。通过网络观看这些视频中能够大大扩展日语学习者的日语认知，增加日语学习者的日语词汇量，增强他们对现代日语的语感。此外，像是 Ttwitter、Facebook、Instagram 等各类日语社交网络媒介和通信软件已经完全颠覆了日本传统的社交网络沟通传播的思维方式，日语学习者可以直接通过以上的各种社交网络平台与其他日本人进行信息沟通交流，拉近和其他国际日语学习者的人际距离，从而提升自身日语实践能力。

第九章　网络平台与学生自主学习方式

第一节　网络平台与传统学习

　　传统的课堂教学方式多采用老师讲、学生听为主的模式，老师照本宣科，学生被动地读、记、背，教师代替学生进行思考、提问。传统的填鸭式课堂教学模式严重挫败了学生的积极性，影响了学生学习兴趣的培养，使学生的核心素养得不到有效的培养，因而无法通过学习实现培养符合新时代要求的人才的目标。因此，使学生把传统的一味依赖老师的被动学习方式转变为一种积极主动地探究知识的学习方式，便成为课堂教育改革的头等大事及教学改革的首要任务。

　　传统的学习方式单一、学习周期过长。混合式学习的理念引进后，教师们可以把传统学习模式的优势与网络化学习的特点结合起来，制订出个性化的学习计划，既要充分发挥教师引导、启示、监测和管理课堂教学全过程的主导作用，又要充分发挥学生作为学习主体的主动性、积极性和创造性。

　　学习模式是每一位学习者在课堂上持续一致地表现和展示出来的各种学习战略和各种学习倾向的总和。吴康宁先生曾经指出："在国内，任何一个尊重事实的人都不能不承认，我们的儿童正普遍处于一种'受逼'的学习状态。"那么，如何才能使孩子从这种受逼的学习状态中彻底解脱出来，让学生真正变得更加喜欢读书，更加喜欢学习，使学生全身心地积极投入，既让学生的认知及其能力提高，又让学生的人格得到培养，需要我们不断思考。

　　目前，我国的网络教学虽然还存在一些缺点，但是在我国高等院校中正逐步得到完善。大学生基本每天都需要利用网络进行学习。首先，高校的学生宿舍基本都有互联网，而且学校也设置了网络机房，学生上网十分便捷。其次，各高校也基本都拥有自己的网络课程教学服务平台与网络专业课程、精品班级课程，这就为学生们进行网络学习提供了良好的条件，同时也对高校开展网络教育工作起到了推动作用。

现代学习模式从一个本质上来说，是以充分培养人的社会属性为宗旨，以推动人的健康可持续发展为目的，由许多具体模式组合而成的多维度、且不同类型有不同知识点和层次的开放系统。认识与把握现代化学习模式的基础和本质特点，是我们能够创造性地引导并帮助大学生实现主动、富于个性化学习的一个重要保障。

大量的理论和课堂实践表明，让每个学生自己去学习、思考所需要学习的内容，很容易使这些学习内容在学生的头脑中扎根、发芽、生长、结出果实，使学生的素养在一堂堂课的学习中得以锻炼、提升，为其终身的发展奠定了基础。如果仅仅依赖于老师的演示和学校对于文化的宣导，很难让学生切身认识和感受到这些优秀传统文化的价值和魅力。只要我们的教育工作者能够自觉、积极、富有创造性地运用适宜的教学手段来进行优秀传统文化教育，就有可能达到立德树人的教育目标。

随着移动云计算、大数据、5G 等信息技术的飞速发展，在线学习等新概念已逐渐深入人心，方便、灵活、不受任何时间或地点条件限制的移动互联网在线学习等学习方式应运而生。当今社会已经逐渐走向信息化、网络化，信息量大、传播速度快，给现代社会的人们提供了更多、更便捷且能更全面了解社会的窗口和更多的学习资源。在这一时代背景下，教育网络平台应运而生并蓬勃发展，有效弥补了当前基础教育的不足，帮助很多学生快速顺利完成了学业，尤其是在疫情防控期间，在"停课不停学"的明确要求和政策号召下，线上教学工作全面深入展开，同学们通过网课深刻体会了在线学习。

线下的课堂教学活动也成为线上课堂教学活动的一个补充与拓展，翻转式的学习（非狭义的翻转式网络课堂）已成为目前市场上主流的一种教育方式，被认为是当前网络平台教育发展的主流趋势。王竹立等对"互联网 +"与互联网平台的见解独特，认为"互联网 +"意味着把互联网和以互联网为基础和核心的各种信息技术作为传统领域的辅助性工具，即要让互联网"为我所用"，体现出将互联网技术视为工具的"工具观"；而网络平台要求以互联网技术为其主体、中心，对传统领域的产品进行创新和改造，使之能够更好地适应互联网新时代，体现出其技术的"生态观"。

对于不同的行业领域来说，网络平台可以有不同的定义和界定标准，通俗地讲，网络平台也就是"互联网＋各个传统行业"，但这个词并非简单地将两者进行相加，而是充分、综合地利用了现代网络技术、云计算、大数据以及移动互联网，使移动互联网和各个传统行业之间能够进行深度的融合，构建了一种全新的网络产业生态。网络平台体现了教育思想和观念上的改革，它要求我们在在线教育中更加重视"人"。网络平台的重要性更多的在于其学习模式的转变，只有通过改变其学习模式，形成学习者自己的个性化、广泛的、智慧型学习模式，并将这种网络平台信息技术的时代特征真正地融入我们的教育中，才能促使学习者进行有效学习和终身学习，加快推进我国高等教育的现代化。

网络日语教学学习平台即是通过利用互联网信息技术，建立一个基于互联网的平台，系统管理网络教学学习流程，共享网络学习资源和各类网络学习管理工具，为基于现代移动互联网的教学活动的开展提供信息通信与网络学习流程管理技术服务。网络学习课程的在线教学管理平台同时对网络学习者、老师等主要用户进行管理，为网络学习课程的数据编写、存放与上传发布、在线学习整个过程提供技术支持和管理工具。网络高等课程教学技术支持服务平台的技术很重要，是我国网络高等课程教学支持实施的理论基础和技术核心。对学校网络课程教学服务平台的定义有广义和狭义之分，广义上来说学校网络课程教学服务平台既包括能够支持学校网络课程教学的各种硬件基础设施设备，又包括其他能够支持学校网络课程教学的应用软件及系统。也就是说，广义上我国网络课程教学服务平台主要有两大组成部分，即硬件式的网络课程教学服务平台和软件式的网络教学服务平台。狭义上我们所谓的网络课程教学服务平台主要是指一套完全建立在互联网基础上的，为我国互联网信息化教学过程提供完整的教学全方位技术支持的教学服务系统。伴随着微课、慕课、移动公开课等混合式课堂模式的出现，教师们的混合式专业培养和发展途径也得到了很好地扩充。线上与线下的学习优势相互补充，提高了效率，追求一加一大于二的效果。教师可以利用网络、在线平台、移动工具等为学生成长搭建平台，制定个性化的成长目标，自定义成长方式。其关键就是要让线上的技术能够无缝地"编织"到线下的教学中，利用线上技术对课堂教学流程中留下的各种动态、生成性的资源以及学习痕迹等信息进行综合利用，以帮助教师实现课堂教学的优化。

教师需要进一步优化自己的专业结构，提升自己的专业技术。作为一名教育工作者，教师的专业观念到专业知识、职业技术能力、职业心理素养等各个方面都需要不断发展与成长，不但新手型的教师是如此，专家型或者是教育家型的老师也是如此。

网络平台时代的到来，加速了我国终身教育的发展与终身教育制度的建立。网络平台的引入，正在彻底改变传统的课堂教学方式、流程和组织，教师的角色、工作模式以及其他人员和学生之间的关系都将随之发生变化。教师必须能够顺应这个时代的需求和发展，冲破传统教育理论和思想的束缚，实现自身角色的转变，并认识到现代信息技术运用于教学的必要性，将传统学习与网络学习相结合，极大地扩展混合式专业发展的渠道，参与和创建自己的教育专业教师成长生态圈，用这种线下线上交流所产生的创新思维方式来不断改进线下的现场教学。驱动线下教育教学理念的不断转变，推动教育信息化发展，深化基础教育改革作为信息时代赋予当代优秀教师的历史使命，教师充分利用基于互联网教育平台的信息技术和资源，不断地在线上进行学习和实践探索，促进自己的教育技术水平不断发展。

在线教育最大的优点是时间灵活自由，课堂教育有固定的时间、固定的地点，学生必须在规定的时间和地点上课才能完成学业，在线教育虽然规定了教学时间，但是在线教育课程一般可以回放，不受时间和地点的限制，只要你有时间，就可以随时随地学习、反复学习。

在线学习可以最大限度地实现学生之间、学生与老师之间的相互协作和交流，可以通过多种方式，及时将自己的想法与老师进行沟通，改变了课堂中学生只能举手回答问题和老师不能兼顾所有学生的情况。例如，在听课过程中有哪些问题不明白，可以在留言区给老师留言，老师在授课过程中可以了解学生听课的状态和问题并及时解决，也可以提出问题，请同学们在留言区回答，通过同学的回答及时了解其对知识的掌握程度，调整教学进度。

在线学习，学生可以快速及时地获取电子版的资料。一般教师将课件、习题通过互联网平台直接进行上传，学生们既可以直接在线学习、做题、提交作业，也可以保存资料用于复习和备考。有别于课堂教育需要老师提供纸质版材料，学生按要求提交纸质版作业，在线学习资料的获取更加便捷。

在线学习的学生可以根据自己的学习水平、学习背景、学习精力制定个性化学习方案，有选择地听课，有重点地听课，有针对性地听课，提高听课效率，提高学习的主动性。学习节奏快的学生可以更快地完成既定的学习计划，实现更高的目标，节奏慢的同学可以通过重听、慢放等方式按计划推进进度，而线下课堂教学，因为老师要照顾大多数同学的听课效果，有可能造成学习节奏快的同学"吃不饱"，学习节奏慢的同学"跟不上"，在线学习可以在一定程度上解决这些问题，因人而异，一生一策，合理规划。

我国幅员辽阔、人口众多，教育资源分布不均衡，东部地区优于西部地区，发达地区优于落后地区，且教育资源有限，课堂教育只能听本校的老师授课，而没有机会听到更多名师的课。在线教育正好弥补了这一缺憾，在新冠肺炎疫情防控期间，许多平台免费向各学校提供教育资源，如中国大学慕课在线学习平台、职教云平台等。在慕课教育平台上不仅能够听到名师授课，按照课程要求完成课后作业，通过课程考核之后，还给学生颁发相应的证书，学生不仅能学到一技之长，还能取得相应证书。

大学经常有几个班合上的情况，人数多，老师精力有限，不能关注每位同学，平时只能对作业良好的同学批注，而线上教学老师则通过网络平台可以与学生有更多交流的机会，并且能够通过相关学习软件看到学生做题的效果并及时获得统计的数据。例如对一套题的错题数的统计很快就能获得，老师可以准确知道学生知识点的漏洞，也知道有哪些同学没有掌握，从而更有针对性地进行讲解，老师也可以利用在线平台对学生一一指导，强化课堂教学效果，有效提高学生的学习效率。

线上教学提供了更便捷的学习方式，一台电脑、一个平板、一部手机就可以跟着老师上课。很多同学最开始觉得很新鲜，尝试在网上听课，多数同学能够跟着老师的进度学习课程，回答问题，与老师进行网上互动，课下按时完成作业。随着时间的推移，有的同学在完全适应了这种模式后开始主动学习，并根据自己的学习能力、时间要求，有效调整学习计划，甚至有的同学能提前将录播课程学完，真正提高了学习效率，加速完成了学习进度，成了线上学习的受益者。但是有些学生则缺乏自主学习能力和自我控制能力，而在线上教学过程中，老师隔着屏幕，不能有效监督每位学生的听课状态，这些学生因为缺少老师的现场指导和约束而放纵自己，听课注意力不集中，甚至睡觉、玩游戏，浪费了宝贵的学习时间，长此以往，荒废了自己的学业。线上学习使学生两极分化严重，自律者，锲而不舍，持之以恒，成绩变得更好；放纵者，一曝十寒，半途而废，成绩变得更差。线上学习，使学生们居家进行学习，不能形成统一的整体，学生与学生之间、学生与教师之间缺乏互动和沟通的环境氛围，不利于学生的团队意识、协同沟通技巧和综合素质的培养。

线上学习还受到网络信号的影响，手机、电脑上网受到上网信号强弱，附近是否有基站、手机信号模块、所在位置、地形、地貌、高楼的影响，可能有时候信号不好、时断时续，也有可能根本收不到信号，这样势必会影响听课的效果，有时甚至根本不能听课，无法学习，导致一些人失去在线学习的热情和耐心。

网络平台的出现，为教师专业技术水平的提高提供了新的机遇和渠道，教师应顺应时代发展，实现教师在网络平台环境下的角色转换，在促进自身成长和发展的同时，将传统学习方式和网络学习方式相结合，参与和创建专业成长圈，以应对新环境的挑战，适应新常态的教学。

伴随着网络时代的到来，更新的技术与理念冲击着教师固有的精神地界，面对瞬息万变的信息，教师必须顺应教育形势的变化，乘上网络时代的快车，加速自身的专业技术成长。

网络平台是互联网和教育深度整合的结果，改变了广大学习者的学习方式，并将成为未来教育发展的一个必然趋势。从对当代我国大学生线上学习情况的研究可以看出，仍然存在一些问题，如学习意识不强、目标不清晰、学习能力缺乏、网络技术的运用不熟练、师生之间的交互意识不强。在实践中我们应从科技、模型、方法等多个环节来优化和完善网络平台，提升大学生的自主学习效果。

网络平台和教育相结合能够为教育提供新型的设计、研究、使用、管理、评估等方式，为促进教师的专业成长和发展提供了一条新的途径，使教师的知识结构和科学理论框架得以重新构建和完善。传统的课堂教学与网络平台新技术相结合，可以令教学形式多种多样，并且能够提供新的教学思路。资深的教师可以在网络平台上推广一些特色课，新手老师们也可以通过订阅找到能够满足自己需求的课程。教育类型的优质图书、资源、工具等都可以在线上渠道进行发布和分享，还可以参与社群讨论，与其他师生进行交流。

网络平台的技术发展带来了先进的手段和设备。面对一种新的教育科学技术，教师的角色发生了转化。首先，我们应该充分地认识和看到，教师是新时代教育科学技术的直接运用者和最终受益人，所以要用积极的态度去面对挑战，对于新技术既不回避，也不排斥，要建立起自信心。当前学生获取信息的渠道丰富、思想活跃，旧的教材形式已经很难满足学生的需求，很难调动学生的积极性。但是，过分依靠网络平台新兴技术也就很难达到理想的课堂教学效果，因此教师们需要在传统课堂教学中引入一些现代化的教学技术手段。在数字化课堂上充分运用教学软件、多媒体课件、网络视频等多种形式，让数字化课堂的形态更为丰富，更加具有吸引力。将课程与网络有机结合，增加学生自主学习的时间，促进学生对于课上所涉及知识点的理解和拓展。

在网络平台上进行在线学习时，学生可以自主制订计划和选择学习方法，当学生的学习从被动地接受转化为主动地获取时，就有可能直接驱使学生进行自主学习，提高学习的效率和质量。在教学中，老师不再是课堂教学的主角，而转变成课程的剧本编剧或导演，让学生能够深深地被这门课程吸引，主动去探索这门课程的内容，以达到实施教学的目的。

传统的学习中，学习者跟随老师进行一系列的任务性学习，往往具有很强的目的性，而在在线学习中，许多的学习者由于其学习的意识比较薄弱，所以学习的欲望比较低，学习目标不明晰。因此，通过线上线下融合教学，由老师引领，学生独立参与，并通过先进的智能装置和信息技术手段实现的交互式学习，可以让学习者在清晰地了解学习方向和目标的基础上，最大限度地进行自主学习、个性化学习，发挥其学习的能动性、创造力，清除了固定的学习方法和模式中的障碍，充分享受到学习的快乐和魅力。移动学习的方式大大帮助学生开拓了思维，激发了学生的学习兴趣。教师通过线上与线下融合的方式进行教学，学习者可以在老师的指导下充分利用互联网来获取所需要的学习信息资源，开辟学习的新路子，运用多媒体、超文本等多种信息资源的形式，结合了线上线下各自的特色和优点，拓宽知识面，提升学习效果。

第二节　网络平台介入与日语学习

除了传统意义上的课堂教学外，网络已经成为大学生进行日语学习的另一个主要手段。基于网络平台下的大学生日语自主学习，可以简单地概括为网络自主学习。所谓"网络自主学习"主要是指一种基于网络平台，以学生自己为学习中心，而教师只起到辅助作用的自主学习模式。在这样一种学习模式下，学生们可以利用互联网的各种信息资源，在自己的日语学习中采用视、听、说综合形式，辅以图片和文字，充分调动自己学习日语的兴趣和积极性。在这样的大学生自主学习日语的模式下，学生们可以将自己在日语学习过程中可能出现的问题和遇到的难题通过网络平台直接进行上传，如大学生们可以在微信中或者微博中将自己的日语发音直接上传到自己的聊天群里，让老师亲自来对其进行检查和纠偏，从而使自己掌握正确的日语发音和使用方法，提高自己的日语学习效率，养成正确的学习习惯。

目前有关高校日语专业教学改革的先行性研究比较多，但是结合当前大数据时代背景进行高等院校日语专业教学改革的研究在我国仍然比较罕见，因此我们需要针对当前大数据时代的优点和特征，结合当前发展情况提出一套日语专业课程教学改革的策略，从而推动和促进我国新建的本科学校课程教学质量的整体提高。在当前的大数据时代背景下，伴随着互联网以及其他各种移动终端的日益普及，课程教学环境发生了变化，新建的本科院校中日语专业在教学中面临着一系列的机遇和挑战，提出一套能够真正有效应对当前大数据时代新建本科院校中日语专业课程教学改革问题的方法和策略，就显得尤为重要。

在制定新建普通高等院校的普通日语教育专业教学改革发展策略时，要培养满足《高等学校外语类专业本科教学质量国家标准》有关规定的要求。新国标正式提出后就要求我校日语教学专业的在校学生教师在实践中首先应该熟练地掌握与日语官方语言相关的基础知识、国际经济情况和与世界形势变化有关的基础知识，具备扎实的日语文化理论基础，了解与日语文化相关的基本专业知识以及与日语人文科学、社会管理科学及自然科学相关的基础知识，形成一个跨学科、跨地域文化的日语知识培养框架。

另一方面，新建立的本科院校日语专业更具有其独特的优势，即要着力培育应用型、多样化的人才。因此，基于我国大数据时代背景下的教育改革策略的最终理念是应当在提升知识水平、培养个性化人才的基础上，以培育能够满足我们国家经济发展所需的理论实践能力强、综合素质高、能引领社会经济发展的创造性高素质人才为目标，同时以培养学生更强的参与国际竞争的能力为工作重点，充分发挥教师团队的作用，整合各类教学取得的改革性成果，加大在教学中运用信息技术的力度，加强科研和教学的结合，通过全面推行多元化的教学模式来大力鼓励学生主动、自主学习，从而真正将改革策略贯彻落实到对新建立的本科学校的特色日语专业人才的培养中。

网络以其强大的信息共享性和有效快速的传播给我们带来了许多的便利。大学生的日语学习依靠互联网平台，能够提高他们的学习兴趣，激发学习的动力，提高他们对于日语学习的积极性。但是，基于互联网和信息化平台的中国大学生自主学习日语教育模式，也面临着一些问题。

在全球化和互联网时代背景下，针对我国新建立的本科院校中学生学习的自主性相对比较差、学习方法比较呆板和基础人文知识薄弱等问题，开设了日语专业综合性的网络平台，推广了混合式学习模式，致力于培养学生的自主学习意识，引导学生充分利用课堂外的时间，积极开展自主学习。在这个基于混合式学习理论开设的日语专业综合性的网络平台上，学生们可以按照他们的学习风格和特色在自由选择的时间内利用手机、电脑等工具随时进行学习。老师与学生、学生和学生之间能够通过互联网平台随时针对在学习实际中存在的问题进行交流。这种形式的课前、课后互动交流，使学生能够在轻松的气氛中进行自我引领、自我监督的自主学习，并且通过互联网平台，教师们能够针对每位学生的问题和需要给予学生一对一的讲述和解答，做到了他们在课堂上做不到的一对一的辅导及补充阐述。这样将内外的学习有机紧密地结合起来，让学生更加高效地接受所授的课程内容。

　　建成的日语类专业的综合性网络平台，将传统课堂式学习和网络化学习的特点与优势完美地结合起来。充分运用了大数据时代的信息资源和网络技术，将课堂下的自主学习与网络学习与课堂上的同步协作学习相结合，以期达到学习效果的最佳化。日语专业教育信息服务可分为公共课程、专业技术课程、实际操作环节及毕业论文等四个模块，分别由各项目课程指导教师把所有的教学中的核心内容提供给每位学生。

　　在将教学信息资源进行分享后，学生就可以根据其兴趣爱好和自己所想从事的工作或者职业从教育信息资源平台获取所需要的知识和技术资源。如果学生在课下所做的学习研究结果都是合格的，则可以为其提供学习经验证明，由此可以实现专业日语学习方向的课程小组和选修班中各课程小组的教学资源的共享与相互衔接，使学生真正成为宽口径人才，促进其多元化、个性化的发展。

　　日语专业综合性网络平台的搭建与混合式学习理论有机结合。混合式学习或称为融合性学习，其中一个核心思想是要将我们传统的课堂式学习和互联网学习的特点及其优势有机结合起来。混合式学习一直以来强调，在适当的时候，为适当的个体和社会成员，以适当的形式来传递信息，通过恰当的学习手段，提供恰当的学习内容。在这个信息量巨大的今天，混合式学习的研究重点并非仅仅是在于如何掌握什么样的知识，而是在于怎样混合，其目标就是为了达到最优学习效果。对于一个学习者来说，混合式学习系统可以帮助他们按照自己的学习方式和风格从所有他们可以获取的媒介、教科书等信息中去选择一种适合他们自己的学习内容。对于培训教育人员而言，混合式学习主要是将所有能够获取的媒介、教材、资料都进行合理的优化或者组合，以便达到其最终的实践性教学效果。这样学生们能够通过校园网络平台进行教室外的活动（即课前预习）、校园内的活动以及各种教室外的活动（即课后复习），并在校园网络平台上的公开交流空间中进行交流。最终将期末考试与平时学生自主学习成绩考核的方式有机地结合起来，确保在校学生能够自主利用学习的业余时间学习知识。由此，可以推动学生独立自主地学习。

面对大数据时代下我国高等教育教学发展环境中所产生的巨大变化，新建的本科院校日语专业根据自身的特点，需要通过甄别筛选、整合各类网络资源，构建具有自己独特优势的新建高等院校本科专业的网络学习平台，实现课堂教学和网络学习有机结合的混合式教学，并进一步改革考核制度。

由此，不仅可以促进日语专业的综合性教学资源的整合，还可以有效保证大学生在课下充分利用时间，随时随地学习所需要的学习内容，提高大学生的独立性和自主学习能力。同时也改变了以往的考核模式，增加了对学生的综合素质的评价，让大量的学生可以通过日语类专业的综合性网络平台，实现深层次的学习。

随着计算机多媒体和网络技术的普及，近年来各类语言学习平台应运而生。其中，英语作为世界通用语言，其资源平台尤为丰富且多样化，如U校园、英语流利说、扇贝单词等。日语作为小语种，近年来随着中日经济文化的交流和发展，日语学习需求显著提升，但是当前日语网络学习平台数量较少且种类单一，暂时还没有一个系统性、综合性的平台可供使用，日语学习的平台和资源与英语等语种相比还远远不够。

随着我国移动端和互联网及其他相关信息技术的快速发展进步与广泛应用，借助网络平台进行教学及自主学习已经是非常普遍且很受欢迎的方式。据统计，在136个发达国家和地区中，进行日语教育的各类相关单位和机构比之前大幅度上涨7.5%，共增加16045所，我国的日语专业学习者人数更是高达1046000人。但当前日语网络学习平台数量少且种类单一，多以单独学习单词、语法等为主，如日语语法酷、沪江日语等，可供学生自学的平台只有配合《新编日语》教程的WE Learn App，暂时还没有一个系统性、综合性的平台可供使用，日语学习的需求和资源的供给处于失衡状态。

语言学习平台除了提供海量资源外，更应该体现其学习交流平台的功能，突破时空的限制，真正体现学习者的主体地位。因此，高校日语自主学习平台的构建需要遵循以下几个原则：

一是充分结合高校各类专业数字学习资源的特色，打造校本数字学习资源库，尝试建立适合学生自主学习的各类小语种学习资源网站，实现小语种泛在学习的最大效用性；二是紧跟教材，提供丰富的教材信息与知识点讲解，并为大学生提供单元测试以及大学生笔记分享，打造一个线上课堂；三是寓教于乐，在促进学习的过程中，注重激发和培养广大学生的自主性和学习兴趣，通过日本影视作品赏析与讲解、日文歌曲推荐、日本流行语学习等进行日语学习，同时普及日本相关文化知识，集娱乐、时事与学习于一体，涵盖面广，趣味性强。

线上日语教育学习课程传播网络平台需结合传统日语学习者存在的问题，精心设计一种贴近现代日本实际生活场景，具有实用性、实践性、趣味性、扩展性等特性的线上日语学习课程，让越来越多的热爱日语的学习者能够结合日本文艺作品的故事情景有效学习日语。随着现代移动网络平台、人工智能、大数据等技术的兴起，网络学习已经成了必然趋势。网络学习服务平台以广大学习者为教育中心，以互联网为传播载体，通过实时的互动和分享，将网上在线教育课程与网络社区进行融合，打造集网络学习环境和网络学习组织形态于一体的新型网络学习模式，提高了学习的感知性和交互性，使广大学习者更容易获得身临其境的学习体验。

网络平台被认为是最大的教育共享平台，教育共享模式能够更有效地优化教学资源配置，从而更有力地促进我国高等院校教学公平的目标的实现。2019年两会的报告中明确提出，要进一步加强对教育各个领域的网络平台建设和推进。网络平台以一种独特和革命性的创新方式迅速涌入教育领域，使教育发生了深刻的改变。

通过对互联网搜索引擎和移动设备应用市场的调研可以看出，商业化的在线学习服务平台类型很多。在日语学习中，既有涉及单词、口语、听力、阅读和写作等各种专项培养和训练的综合性网络学习平台，也有各种类型的专门为日语等级考核提供专业辅导的网络学习平台，但是由于受到网速、运行界面、学习内容、互动性、趣味性等诸多因素的限制，在一定程度上造成了学习者学习困难。

绝大多数的被调查者都是出于他们对日语的浓厚兴趣和需求而去研究和学习日语的，但是却在运用日语的过程中遇到了困难。当下，借助互联网进行日语学习并愿意通过以上方式进行日语学习的学习者较多，但是网络日语学习平台普遍存在着相关资料繁杂、没有针对性，学习的内容欠缺吸引力、适用性不强、无益于日语表达能力的培养和提高等诸多问题。因此，日语学习者在充分利用互联网进行学习时，需要一个非常具有吸引力的学习环境，以及一个能够有效帮助日语学习者做到学以致用，提高其综合素质和能力的互联网教育平台。

构建互联网时代下的日语网络教育服务平台是一项极其复杂的系统性任务，需要政府主管机关、日语教育人员和日语学习人员的帮助和支持。只有各方共同努力、相互配合，搭建起一个信息交换和流通、运行高效的网络服务平台，制定切实可行的操作措施，满足日语学习者共享网络资源和趣味式学习的需要，才能更好地优化其学习方式和手段，提高其学习的成效，让日语学习者在实际的日语语言环境中熟练掌握最基本的日语视听技能，达到听之则懂、开口就能讲、应用自如的效果。

多媒体和网络学习平台不受时间、空间限制，学生可以在校园内外使用，从而促进课堂学习和学生课外自主学习有机融合。在这样的高校大环境下，通过整合和完善已有的学习资源，构建一个适合高等学校学生使用的日语自主学习交流平台，为高校学生提供了内容丰富且具有充分的可选性、针对性的学习资源分享及信息交流平台，形成微课程体系，并完成配套设施建设，是实现学生日语自主学习的重要途径之一。

当前网络科技的发展使网络自主学习成为必然的发展趋势，本节对基于网络平台的大学生日语自主学习模式的含义进行了介绍，同时对大学生网络自主学习中出现的问题也进行了描述，并且对基于网络平台的大学生日语自主学习的构建提出了有效的措施。通过这些教育措施，大学生能够更加有效地对自己的日语课程进行自主的运用和学习，从而提高自己对日语的学习的兴趣和积极性，而且还能够为自己节约大量的资金和时间，提高自主学习日语的效率。

第三节　网络平台介入必要性

线上教学是未来学习的一种趋势，传统一支笔、一张PPT的教学方法将不能适应未来的教学，老师应该与时俱进，接受新的网络教学方式，学习一些应用软件和网络教学技术，利用这些软件和技术丰富课堂教学，并重新锻炼自己，获得网络课堂教学经验。很多软件都可以了解学生签到情况，雨课堂、云班课、钉钉、QQ签到等软件都有此功能，而且马上就可以知道到课人数和缺勤人数。再如，云计算课堂不仅可以进行考勤管理，在教师授课的过程中还可以及时发布优秀教学视频，指导每位学生观看讲座、课堂讨论、点评分享，也可以启动头脑风暴，能够非常方便地开展课堂教学和管理，加强了师生之间的互动，增强了趣味性，学生在课堂上参与学习的兴趣和积极性很高。利用教育平台发布与教学课程有关的学习资源，如 PPT 课件、视频、学习文档，布置作业，规定完成作业的时间，课程学习进度有进度条跟进检查，定期进行考核。学生在线上学习会感觉教学资源丰富，学习要求严格，不能有所懈怠，不努力听课写作业，就不能完成任务。老师也会定期公布学习结果，与学生进行沟通，及时答疑提醒，这样可以使学生由被动学习变成主动学习，强化在线课堂的学习效果。

教育网络化已成为大势所趋，BAT 等移动互联网巨头早就开始进入教育培训行业，网络平台也风生水起，树立了行业的标杆。教育产品和行业市场化，使未来会出现一批主要专注于教育产品的龙头公司。例如，k12 在线教育，潜在的市场需求量大，吸金力更强，k12 类型的教育机构占比为 25.8%；职业教育中，IT 等应用类职业对于职业技能的培训需求大，预计 2021 年培训机构的市场规模将首次达到 386.9 亿元，k12 在线教育将在未来 3 ~ 5 年内进一步走向专业化和深耕细分领域的新阶段，行业内部市场逐步细分，分别涌现出多个行业龙头，在线学习课程的质量将得到提高。当今互联网信息技术迅猛发展，资源丰富，平台众多。在习近平总书记强调要教育技术创新、科学与管理革新的时代背景下，我国线上网络教育能得到更大、最快速的发展，促使我国网络教育向更公平、更完善的方向发展，为广大学子提供更多的平台和学习资源。

5G 时代，互联网技术迅速发展，线上培训服务模式进一步更新和优化，从体验上更加贴近线下的"老师—场景—学员"的培训服务模式。在直播教学过程中，有的老师不但在讲授课程中与其他学生之间进行有效的互动，如奖励回答正确的学生红包，发弹幕，以激起学生的学习兴趣，而且通过对其他直播教学场景的改造，对小班学生的学习活动进行观察与督促，提升小班学生的学习效能。直播的语言环境，直播的视频对话，互动的在线场景，更能提高学生的参与度、专注度和接受程度，线上互动学习的学生的成长速度是比较快的。目前，新东方、好未来等在线教育行业中领先的企业，已经将在线教育课程教学模式由之前传统的"在线录播＋线下课程"模式转变为"在线直播＋线上课程＋线下课程"的教学模式；还有更多的教育工具型企业的在线教育课程产品正在向基于在线课程直播的视频课程分享领域进行拓展，如猿题库在线直播视频课程分享平台＋老师在线辅导、一起作业网和北京学点云联合开发的在线直播视频课程。同时，可以利用 AI 大数据实现精准教学，充分利用大数据和语音智能识别、自动化适应等优化教学功能，获取 AI 课堂学习过程数据，实现自动选班、上课，提高课堂的学习效率。

随着互联网络中的电脑和移动设备等技术的迅猛发展，互联网接受率逐年提高，并且逐渐普及。据张永芳、张艮山对所在地区的学校的学生进行的调研统计表明，大一拥有电脑率约为 13%，手机的上网率约为 100%；到了大二，电脑的入网频率已经达到 100%，这种高比率表现说明，学生具备很强的信息接入意识；当我们谈及以后用电脑或移动设备去做什么事情时，学生前三位的回答包括聊天、打游戏、玩微信的就占到 100%。作为一名教育工作者，很有必要引导和帮助我们的学生认识到计算机网络的作用，它不仅是文化娱乐的法宝，还是学习的利器，在我们大踏步地走向互联网时代的过程中，掌握计算机网络知识和学习技能就具备了必要性和紧迫性，这将直接影响到今后大学生的学习和生活，关系着国家的未来。

《教育信息化十年发展规划（2011—2020 年）》首次明确指出，现在我国高等教育事业应该着力培养广大学生在信息化时代的各种能力，鼓励广大学生充分运用现代信息技术手段主动学习、自主学习、合作学习；着力培养广大学生充分运用现代信息技术手段进行自主学习的良好习惯，发展其学习兴趣和技能特长，提高其学习质量；增强广大学生在各个学习阶段提出问题、分析问题、解决问题的能力。

在网络学习中，大部分学生可以根据学习兴趣，进行真实问题情景的探究，也可以通过在情景中进行彼此的协作，形成探究和合作学习的能力。现在已经有越来越多的年轻人依靠互联网进行学习，网络学习已经成为了一种全新的学习途径和方式，学生们可以充分运用其所掌握的信息技术，去开阔视野，完善自己所掌握的知识框架，培养他们发现、思考和解决问题的能力。

人的成长和发展包含了许多方面，理所当然，教育的培养和育人功能也应该表现在许多方面。在我国传统的学习模式中，大学生们所接收到的知识相对比较单一，基本都是来源于专业的教师和课本，培养出来的大多数学习者都具有许多的共同点，很少能充分发挥他们自身的个性，学生在走上社会这个大环境之后，不能很好地紧跟时代的发展，注定将被社会逐渐淘汰。

丰富多样的互联网络学习资源，可以提升学习者对网络学习的兴趣，使学习者能获取的知识更加多样化，并且学习者能够及时地更新与完善自身的知识框架，扩大其知识面。同时学习者还可以借助已经熟练掌握的知识和技术，灵活地运用学习方法和途径进行学习，从而有效培养自己的发散性思维和实践创新能力。越来越多的互联网学习资源可以促使我国高校的大学生们在课堂教学的基础上，进一步挖掘知识的深度和广度，接触丰富的案例，全方位地进行学习。

随着我国现代经济社会的高速发展，社会节奏的加快，网络已经可以有效解决时空给我们带来的不便之处；然而在我们传统的学习过程中，学生往往根本没有办法解决这一问题，其学习局限于某个具体的学习环境。大学生们应该能够深刻地体会和认识到我国传统学习方式中普遍存在的优势和缺陷，寻找一种可以有效打破时空局限的学习方式，而通过网络学习我们不管在哪里，都能从中获取丰富的学习信息和资源，从而有效地解决时空限制所带来的问题，促进了师生之间的沟通和交流。可以在学习的整个过程中建立起相互帮助的人际关系，从而使学生充分发挥自己的个性和特长，以达到现代化教育的目标。

终身学习主要是指社会每一位成员为了适应经济社会的发展与实现个体发展的需求，贯穿整个人终身的学习生涯及学习的全过程，是自己发展与适应其职业需要的必由之路。大学生在网上和学校中所掌握的知识仅仅是他们一生中所需掌握知识的很少一部分，在后面的学习工作中仍然需要进行大量的学习知识，因此借助互联网给我们提供的巨大资源，大学生必须真正懂得怎样进行网络学习，这样才能在走出校门后依然可以顺利地开展终身学习。

传统的学习中，大学生的主体性往往得不到充分发挥，其学习目标往往只能局限于学校内，获得的知识单一且简单，所需要理解的知识领域和范围也相对受到限制。在网络教育中，学生能通过对知识点进行自主选择并进行自我监督、自我评估，以培养自己自主学习和独立学习的能力。在这个学习的过程中，学生逐渐形成了积极思考和探索问题的意识和能力，并且学生在探究的过程中，彼此之间会共同进行学习，相互推动和促进，进而逐渐形成了协商学习的意识和能力。所以在网络学习中，很多大学生都可以根据自身的学习特点和风格及已有的认识结构，积极学习和探索更多的新知识，实现更加广泛和多维度的学习。

从现代工业化社会发展到信息化社会，信息技术已经彻底改变了整个社会的形态，自然也有可能彻底地改变我们的教育，改变我们的生活和学习。互联网由原来的传统媒介和工具逐渐发展为一种新的社会传播渠道，再发展为重要的信息基础和设施，使整个信息社会由 IT（Information Technology，IT）时代进入了 DT（Data Technology，DT）时代。IT 使个体性越来越强，DT 让整合大数据的能力得以提升，而且团队协作能力也越来越强。以前只有一些跨国公司或大型企业才真正具备大数据收集和处理的能力，但如今只需通过云计算大数据的系统或者平台，个人就可轻松地拥有这种能力并基于大数据进行决策。从传统的教学媒介、多媒体课件、网络教学课程发展到现在的虚拟学习社区和网络化学习平台，技术改变了对学习内容的表征形态和学习者之间的交互形态。IT 时代学习网络中对学习信息空间的真正实际应用也仅仅放在了学习资源的合理存储和数据共享、信息的交互以及知识库的结构三个基本方面。面对当前基于"云网端一体化"的新一代信息网络技术服务架构，DT 时代的优质网络教育学习信息空间将以"信息和数据迅速流动"为主要信息技术服务基础，在移动互联网、大数据人工智能、增强现实、虚拟现实和混合现实等新兴技术的综合运用下，促进网络学习信息服务的大规模性优选，包括网络人力资源在内的优质网络学习信息服务，可以有效实现面向市场经济的信息动态汇集和市场供需的精准匹配。如果说"教育＋信息技术"更多的意义在于它强调了对现有教育业务流程效率的提高与教育行为及其业务模式的完善，那么网络平台则应该是要通过创造新的教育行为及其业务流程，创造新的行为领域和教育行为生态。网络学习空间的升级就是从 IT 时代的网络学习空间升级转变为数据时代的网络学习空间，打破了学校教育、社会教育和网络等教育的服务壁垒和业务边界，成为我国重构教育产业发展生态的强有力支撑。

以教育网络信息技术应用为基础的高等教育信息课堂管理应用检验体系建设是高等学校教育信息化工程建设各项工作的重要核心。随着我国高等院校教育信息化网络基础硬件设施工程建设的有效推进与不断完善，开展基于云计算和互联网的信息教学与科研应用已经开始成为当前我国推进数字化高等校园网络建设的第一步。加快推进我国高校网络技术教育资源的整合开发与信息共享以及服务平台的投入建设，运用现代互联网信息技术手段来快速实现高校课程、教学资源的数字化，已经逐渐成为当前我国高校不断提升普通本科网络教育综合水平和教学质量的一项重大战略要求。

构建一个网络教育平台，可以大大增强学生学习的积极性和自主能力，打破时间与地点的局限，使学习变得更为自由。通过对学生进行访问资料和学习成果的分析，还可以让我们从中找出学生的兴趣爱好、习惯、缺陷等，有助于教师在课堂上实现更为人性化的教学。

学习网站作为实现教育资源合理分配的重要桥梁，拥有大量的教育信息资源，它整合了社会的力量，使其资源得到了无限的增长。这样就使每个人都可以均等地获得培训和接受教育的机会，不再受到本校的水平、课程、教师技术等方面的限制，不但能极大地提高课堂教学效率，还能实现教育公平的社会理想。学习网站为学生提供了个性化的学习平台，不同年龄段的学生们，认识世界的角度也不相同。网络给予的丰富信息资源，让学生可以找到不同的学习模式。并且允许不同的学生沿着自己的路径，按照自己的时间与速度接受教育和进行学习，学生将获得更好的接受最好的教育的机会，充分挖掘自己的内在潜能，培养良好的人格品质和正确的价值观。

通过这种基于网络平台的学习，能促进学习者对课程的有效掌握，增强教学者在过程管理中的信息交互性和课堂教学中的实时性，提供一种师生共同参与教学的新学习方式，"多对多"的教学环境更容易充分发挥和突出任课教师和教学研究人员的重要教学功能。校园信息服务平台的广泛投入使用使平台资源得以有效整合与充分利用，进而真正实现教学全流程的信息数字化系统构建，对于学校教育教学理念、方法、教学情况及其学生所处的教学环境等的转变都具有深刻的现实意义。

网络学习空间建设应与课堂实践应用相结合，积极探索师生"功在课前、效在课中、思在课后"的高效学科融合教学模式，使教学方式变得多元灵活，学习方式变得个性自主。线上、线下同步进行，一个平台、多个 App 相结合，辅助教学，突出各学科实用、高效的教学特色。通过云服务平台，快速构建学校空间、班级空间、老师服务空间、教研服务空间、社团服务空间，集校务管理、教育互动、学生成长、德育管理、家校沟通等信息化服务于一体，打破了时间和空间的壁垒，消除了校际、地域之间的阻隔，为教师、学生、家长提供了一个全方位的网络学习交流的空间和场所，满足了资源共享、课程研究与探索、个性化学习、互动沟通、家校共育等多元化信息化要求，进而在这种数字化学习条件下实现了教育变革和发展的创新。

第十章 总结

一、大数据时代下日语网络平台的诞生

从 2012 年美国政府宣布启动"大数据计划"以来，大数据的研究进入了新的发展时代。同时，为了迎接大数据带来的机遇和挑战，我国专门成立了大数据专业委员会。2012 年 3 月，教育部制定并出台了教育信息化工作的重要指导性文件《教育信息化十年发展规划（2011—2020）》指出，要加快推进我国优质教育资源的建设与共享，将信息技术应用于教育教学中，不断创新人才培养模式。

互联网的不断普及和大数据的快速发展也促使日语网络平台这一全新模式应运而生。如慕课、超星泛雅、雨课堂、YY 平台、CCTALK 等多种网络教学平台。这些网络教学平台一经诞生便迅速发展，引起了全国及社会各个领域各界人士的高度关注和热烈讨论，掀起了一场中国教育体制改革浪潮。在大数据时代下，各种信息技术的理论相互融合，提供给日语的不同学科以信息技术方面的支撑，形成了日语学习灵活变通的全新网络平台学习模式。

目前，高校日语本科主干课程的一大通病是课堂气氛沉闷、教师"一言堂"。如何改变这种传统的教学氛围呢？俗话说，兴趣是最好的老师，教育就是要充分地激发学生学习的兴趣，激发学生学习的无限潜能。日语网络平台还可以提供图片、文字、音乐、视频等各种新鲜生动的教学资源，可以激发学生学习热情，促进语言能力的无意习得，同时也培养学生自主学习能力。教师将一些重点、难点以及相关知识制作成电子教案和 PPT 上传到平台上，学生可以随时下载进行预习和复习，然后教师可以根据相关教学进度选择多样性的测试方式，可以在平台建立习题库和试题库等等，在轻松和有趣的测试方式中让学生对于所学知识得到一定的巩固和更好的掌握。

因此，现代网络信息技术和大数据高速发展进步下，为了进一步充分调动广大高校学生的学习自主性和其在学习活动中的积极性以及充分优化其学习活动资源，我们应该顺应时代的发展建立日语线上学习课程。这种新兴的教学方式逐步形成的一种综合性、多样化的教学模式。

二、日语网络平台的教学模式

不拘泥于教室，利用身边的一切环境模拟场景，让日语"活起来"。日语网络平台致力于利用媒体手段还原一个真实的教学场景以便学生更好地学习和掌握日语，在"云课堂"中更好地理解、消化日语。然而在现实的教学环节中，教师似乎把全部时间都放在课堂上，从而忽略了语境建设。因此，在今后的教学中，我们应该把理论学习放在"云课堂"上，可以指定日语作为课堂上唯一的交流用语，尽量为学生创造更多的交流时间和大的语言环境。同时，尽全力为学生创造语境，让学生把更多地经历放在语言应用上面，尽量多多接触自然、接触社会，利用专业实习、专业见习和课外活动等机会，做到"活学活用"日语。

随着网络的飞速发展，我们不得不注意到现阶段以智能手机、平板电脑为代表的随身多媒体设备随处可见。因此，高校要加强现代化教学课件的研发，注重对新兴媒体的应用，尤其是语言类专业，不能与时代和社会脱节。大数据时代下建立日语网络平台可以建立集单词、文法学习、模拟测试于一体的教学媒体资源，这种庞大的媒体资源的构建不建议单打独斗，可以以学科组团队的形式共同开发媒体资料，减轻厚重课本对学生的压力，为学生减轻负担。同时也运用大数据的技术，为日语的学习提供技术支持，可以随时随地地掌握学生的学习数据，教师可以随时调整教学进度和改进教学方法。不过，利用网络平台的教学，也要重视高年级两级分化现象，开发"云课堂"。在同一年级中，学生对于日语的认知和掌握程度不尽相同，在保证教学进度的基础上，就可能无法解答所有学生的问题。因此，可以将所讲授的内容分为精讲、一般和泛读三个模块分别录制视频并上传"超星泛雅"平台上，学生课下也可以对其不懂的知识进行"自我消化"，既保证了教学进度，又能尽最大可能去帮助学生。在此基础上，"超星泛雅"平台可以增加师生互动、交流，一对一答疑，学生可以分组写作共同完成资料信息交换，逐步建立"云课堂"，真正方便日语学生随时随地在线学习。

20 世纪以来，语言学、心理学、社会学等热门学科以及现代移动互联网和现代信息网络技术的迅速普及，给我国外语学校课堂教学管理方法研究注入了新鲜的血液。自觉学习实践法、情景互动学习训练法、案例互动学习训练法、互动认知法等许多语言学习的有效方法也陆续涌现。时代日新月异，传统的或单一化的学习模式已经无法适应现代社会的进步和发展要求。学习者每日穿梭在校园里照本宣科地学习，已经无法适应新时代的要求。而各类多媒体和电子产品的大量推广恰好能够弥补学生在日语学习中存在的缺陷。

三、大数据时代下日语网络教学平台的实践

（一）传统的学习方式和日语网络教学方式的对比

传统的课堂教学模式主要采取"灌输性"的沉浸式课堂学习教育形态，教师在教学活动中占据主导地位，但是他们通过与学生的直接互动交流能产生较强的亲近感。同时，由于我们目前缺乏相关专业以培育教学工作人员的监管和就业指导能力，学习者不容易产生的良好的综合学习效果，很难真正能够做到通过综合式学习方法、方式来对所学知识内容进行一个全方位的深入认识和理解与消化吸收。而日语网络教学线上学习则实现了学校线上教学与学生线上学习的相互结合。这既可以充分发挥慕课、超星平台、雨课堂、腾讯课堂、YY平台、CCTALK 等新兴的日语网络平台在科学技术上的优势，让学生学习方式变得更为丰富多元。

（二）针对不同的课程，采取与其相符合的学习模式

日语网络平台学习教育模式已经在各所高校相继得到推广。比如，中国清华大学自 2014 年 9 月启动混合式工程教学专题学习活动模式以来，学校每年都在各地定期组织教师举办网络平台技术指导和任课老师专题培训班，而且特别为他们量身设计和策划建立"助教支持体系"。以上关于网络平台学习的课程教学和学习实践到底能够取得什么样的教学效果呢？笔者通过问卷抽查的研究方式，对两个日语教学小班的课堂教学和教育实践活动效果分别进行了一次分析性的调查，进而具体地重点展开了在大数据新时代背景下的日语网络平台课程学习教学模式应用的研究探索。

数据如下。

（1）网络平台学习模式总体满意度的问卷调查：很满意的有 48 人；基本感到满意的有 45 人；略感满意者有 25 人；7 个人很不满意。由此可见，选中了很满意的和基本感到满意的人员总计 93 名，占到了被测评者群体的很大一部分。这就从某种程度上充分地肯定了网络平台学习模式已经实施得相当成功。

（2）认为在日语能力得到了较大幅度提升的，有86人；认为自己的日语表达能力虽然有所改善，但是不明显的有25人；而认为日语没有任何提升的，有14人。由此可见，通过线上与面对面的学习形式，大多数学习者都认为自己的日语表达能力比之前得到了明显的改善。

（3）通过相关统计资料分析可知，大部分的日语学习者普遍认为混合式日语学习的教学模式确实会对"听"在早期日语语言表达能力训练中的知识培养和能力提升有非常大而有效的帮助。其中，认为有明显上升的，有73人；有提升但不明显的，有45人；没有上升的，有7人。

（4）问卷调查结果表明，认为对"说"水平具有显著效果的，有76人；认为水平虽然有所上升，但不明显的，有36人；认为没有什么改善的，有13人。

（5）认为对"读"具有显著效果的，有77人；认为水平有所上升，但不明显的有34人；认为没有任何提高的有14人。

（6）问卷调查结果表明，认为对"写"水平具有显著效果的，有68人；认为水平虽然有所上升，但不明显的，有42人；认为水平没有任何明显改善的，有15人。

四、日语网络平台学习模式中存在的问题和今后展望

由此次的调查结果我们可以清楚地看到，网络平台的互动日语听力学习实验模式已经开始取得了初步的实际成效。大多数日语学习者都一致认为，这种混合的日语学习促进模式在日语教学中，对于学习日语"听、读、写"四个基本方面都能够起到一定的促进和提高作用。其中，"听、说、读"三个方面相对于"写"而言，效果还是比较明显的。这也说明，我们应当在"写"这一重点上多加强混合式学习模式的探索。

但是，建设网络课程、搜集有用的网络资源，教师的教学观念和方法的转变都尚需一个适应期，还面临许多新的问题。另外，教学模式如果不完成真正的转型，而只是停留在形式上，就会出现从"书灌"转成"电灌"，或从高度掌控课程到"放羊态"网络教学课堂。即"给学生过度的自主而偏离教学目标"。同时，如果学生冲不出被动学习的习惯势力的牢笼，即使形式上实行了教学模式的转型，也会从一种被动学习类型，转成另一种被动学习类型，或被过多信息拖累，或被图文并茂、新奇横生的教学方式所吸引，顾此知彼，课堂上难有收益。难以真正成为积极、主动的知识构建者，难以真正培养出学生的

自主学习能力。

总而言之，大数据时代下，应用各种网络平台的来辅助日语教学的模式已经逐步成为今后的发展趋势。不断因材施教，完善网络教学平台，开发在线日语教学视频等多种信息化的教育资源，既可以大大调动和增强学生的自主学习活动积极性和学习的创造性，也同样可以通过互联网促进学生的日语表达能力。

参考文献

[1] 柴军应.学生学习自主性发展研究[D].上海华东师范大学，2016.

[2] 陈翠华.大学生专业认同与自主学习的关系研究[D].南宁：广西师范学院，2014.

[3] 陈佳.移动学习环境下以创客教育为导向的智慧课堂构建研究——以日语口语智慧课堂建构为例[J].产业与科技论坛，2020，19（5）:209—210.

[4] 陈韬.基于在线课程的网络资源平台下大学生自主学习能力调查分析——以苏州市职业大学商学院会计系为例[J].产业与科技论坛，2020，19（16）:123—125.

[5] 陈瑶，胡旺，王娟."互联网+"时代大学生学习方式转变研究[J].江苏开放大学学报，2016，27（2）:61—65.

[6] 程芳.网络学习环境下教学模式的变革[J].中国教育技术装备，2008（22）:54—55.

[7] 邓娟娟.论日语教学中对网络资源的运用[J].现代交际，2019（3）:201，200.

[8] 范颖."互联网+教育"时代大学生的新型学习方式研究[D].合肥安徽大学，2018.

[9] 付淑芹.传统学习方式与现代学习方式的比较[J].教育艺术，2017(8):10.

[10] 郭文娟，刘洁玲.核心素养框架构建：自主学习能力的视角[J].全球教

育展望，2017，46（3）:16—28.

[11] 郭瑜 . 日语专业学生自主学习能力的培养及教师角色分析 [J]. 科学咨询
（科技·管理），2019（4）:72.

[12] 姜玲 . 主动性教学模式在《基础日语》中的运用 [J]. 湖北广播电视大学
学报，2005，22（7）:119—121.

[13] 蒋荷，叶明 . 在线学习方式与传统学习方式的比较 [J]. 文教资料，2009
（9）:234—236.

[14] 李珩 . 大学生英语自主学习能力与自我效能感的实证研究 [J]. 现代外语，
2016，39（2）:235—245.

[15] 李子建，邱德峰 . 学生自主学习:教学条件与策略 [J]. 全球教育展望，
2017，46（1）:47—57.

[16] 林莉兰 . 混合式学习模式下高校网络自主学习及评价活动调查 [J]. 中国
电化教育，2016（11）:74—78.

[17] 林连份 . 基于线上学习促进学生学习方式转变的研究 [J]. 名师在线，
2021（14）：90—120

[18] 刘畅 . 学生自主学习探析 [J]. 教育研究，2014，35（7）:131—135，159.

[19] 刘春志，袁桂平 . 网络学习动机的激发与维持策略探析 [J]. 中国教育技
术装备，2008（20）:56—57.

[20] 刘清颖 . "互联网 +" 视域下的高校意识形态教育研究 [D]. 南京:南京
邮电大学，2018.

[21] 刘正喜，吴千惠 . 翻转课堂视角下大学生自主学习能力的培养 [J]. 现代
教育技术，2015，25（11）:67—72.

[22] 罗浩 . 大学生基于网络教学平台自主学习的现状与对策 [D]. 济南:山东
师范大学，2014.

[23] 罗莎 . 慕课环境下的外语自主学习模式探析 [J]. 现代教育技术，2016，
26（1）:87—93.

[24] 米丽萍 . 基于微课的"基础日语课"混合式教学模式探索 [J]. 韶关学院

学报，2020，41（2）:87—91.

[25] 潘静惠. 大数据时代新建本科院校日语专业教学改革的研究 [J]. 太原城市职业技术学院学报，2016（8）:116—117.

[26] 尚若璇. 当今网络学习方式和其对大学生的影响 [J]. 智库时代，2019（3）:179—180.

[27] 宋艳军，李方媛. 基础日语教学中学生自主学习能力培养研究 [J]. 中外企业家，2020（15）:211—212.

[28] 孙丽."互联网＋教育"平台下大学生在线学习探究 [J]. 文教资料，2021（6）:112—118.

[29] 孙良林. 基于网络教学平台高校公选课课程设计的研究 [D]. 南昌：南昌大学，2011.

[30] 王海瀛. 大学生自主学习能力培养研究 [D]. 杭州：中国计量学院，2015.

[31] 王健，郝银华，卢吉龙. 教学视频呈现方式对自主学习效果的实验研究 [J]. 电化教育研究，2014，35（3）:93—99，105.

[32] 王田. 大学生自主学习的现状及影响因素研究 [D]. 长春：东北师范大学，2014.

[33] 王晓雲. 基于自主学习能力培养的"基础日语课程"课堂教学改革实践 [J]. 科教文汇（下旬刊），2019（36）:182—183.

[34] 韦晓保. 大学生外语学习目标定向、学习焦虑和自主学习行为的结构分析 [J]. 外语界，2014（4）:12—20，38.

[35] 魏巍."互联网＋"环境下的教师成长 [C] 吉林市东方智慧教育咨询服务有限公司. 全国智慧型教师培养体系建构模式学术会议一等奖论文集，2016:3：158—168.

[36] 吴伏英. 新媒体环境下大学生自主学习的现状调查与引导策略研究 [D]. 扬州：扬州大学，2015.

[37] 徐坤. 信息网络环境下日语自主学习能力培养的研究 [J]. 湖北函授大学学报，2018，31（13）:151—152.

[38] 徐蕾.学习策略与日语自主学习能力的培养[J].开封教育学院学报，
　　　2017，37（2）:99—100.

[39] 严晓璧.日语网络资源特点对日语学习者的影响[J].产业与科技论坛，
　　　2018，17（15）:154—155.

[40] 杨豪杰.日语专业大学生动机调控策略对自主学习能力的影响[J].科教
　　　导刊，2017（17）:50—51，125.

[41] 尹鸿藻，毕华林.学习能力培养的探索[M].济南:山东教育出版社，
　　　2004.

[42] 张文碧，李则盛，孙艳琦.创新型网络平台对日语学习的帮助及其可行
　　　性分析[J].科教导刊，2019（33）:69—70.

[43] 张永芳，张艮山.大学生掌握网络学习技能必要性探讨[J].才智，2014
　　　（22）:169.

[44] 赵亮.论学习方式的变革[D].长沙:湖南师范大学，2004.

[45] 赵秀英，许璐，苏叶凡，等.国内高校日语自主学习平台建设研究[J].
　　　科技视界，2021（5）:71—72.

[46] 钟勇.高级日语课外自学对学习者自主学习能力发展的影响[J].教育现
　　　代化，2019，6（68）:262—263，275.

[47] 朱一平.关于中国人日语学习者自主学习的研究[D].北京:北京外国语
　　　大学，2017.

[48] 邹维.论日语学习者在自主学习中的主体性意识[J].神州，2016（4）:119.

[49] 左晓琴.基于移动学习的自主学习策略研究[D].上海:上海师范大学，
　　　2017.